孩子我不要你功課好，但是要你學會解決問題

THE BLESSING OF A B MINUS

USING JEWISH TEACHINGS TO RAISE RESILIENT TEENAGERS

溫蒂・莫傑爾 Wendy Mogel——著
陳至芸——譯

各界好評

莫傑爾融合猶太智慧和青少年心理學的指導方針，將青少年時期與猶太人從埃及前往應許之地的旅途做了巧妙連結。隨著孩子徘徊在青春期的「沙漠」，她建議家長提供諮詢和指導，克制想要介入或援助的衝動……莫傑爾的分享將帶給父母信心，從容面對正處於狂飆的青春期的孩子。

——《出版人週刊》（*Publishers Weekly*）

溫蒂．莫傑爾的這本著作能消除讀者疑慮、令人安心……能閱讀本書便是一種福分。

——《紐約時報》（*The New York Times*）記者莉莎．貝爾金（Lisa Belkin）

見解明智、言辭詼諧、妙筆生花，對於得應付青少年的任何人來說，此書都猶如蘊含各種教養常識的寶藏。

——《當好人遇上壞事》（*When Bad Things Happen to Good People*）作者拉比哈洛德．庫胥納（Rabbi Harold Kushner）

溫蒂．莫傑爾將古老智慧賦予新視野的能力高超。她本身就是位睿智的女性。美國的父母（因此也包括了孩子）都該感謝她。

——作家、評論家、《新共和》（*The New Republic*）雜誌編輯
里昂．維瑟提爾（Leon Wieseltier）

作者行文幽默風趣……有鞭辟入裡的分析，貼近真實面的故事範例，以及冷靜有效的應對拆招方法，有些細處乍看瑣碎，但隨手一翻，可以從任何一頁開始，也可以從任意段落中獲得啟發。

——嘎眯

這本書沒有太多難懂艱澀的心理學理論，裡面有的，是一個身為母親，以及身為專業諮商輔導學者的實務經驗與提醒。……不只講述觀念，更是一本非常好用的實戰參考書籍！

——vernier

家有青春期孩子的父母應該不難從閱讀這一本書的過程中，心有戚戚焉……作者在這本書中從各種不同的角度，詳細剖析青少年的心理，也讓陷入教養迷霧，在困惑中掙扎的父母找到一線曙光。

——苦悶中年男

專文推薦

讓子彈飛一下——一本讓家長豁然開朗的書

李偉文

當孩子進入青春期之後，許多家長充滿了困惑與挫折：「這是我的孩子嗎？不久之前那個又甜美又貼心的小寶貝到哪裡去了呢？」

家長們以為孩子被朋友們帶壞了，或者以為自己在哪個環節做錯了什麼事，或者是否在不經意中某些狀況被自己疏忽掉了？

其實我相信很多時候，青少年的叛逆最主要是在反抗自己，憤怒於他們自身的徬徨與不知所措，甚至我也相信這個時代的青少年比以前的青少年壓力還來得巨大許多，因為這一代的孩子在生理上來得成熟，但是以前十六、七歲早已進入社會承擔責任，但是現今身體已長大的孩子卻必須跟小小孩一樣接受父母保護，甚至乖乖聽話學習，好應付這個變化愈來愈快，又愈來愈複雜的社會，所以青少年的苦悶與壓力，家長應該要設身處地感受一下。

看了這本《孩子我不要你功課好，但是你要學會解決問題》（原書名《從B⁻到A⁺的猶太教養智慧》），相信可以讓整天為這個與全家作對的「外星人」擔憂到睡不著覺的家長鬆一口氣，因為作者溫蒂．莫傑爾是個從事家庭諮商已三十年之久的專家，也同時是個家有青少年的媽媽，在專業理論與親身體驗之中，用非常生動的筆觸與具體實用的例子，提供了許多與似乎不再熟悉的青少年相處的祕笈，以及如何與叛逆中的青少年溝通的教戰手冊。

我很認同作者強調的「別反應得太快」，家長要在家庭生活之外培養自己的嗜好，興趣，紓解自己的焦慮，甚至用幽默的心情來看待青少年孩子搞怪與離譜的行徑。

因為我在許許多多朋友身上看到，當年他們為了孩子煩惱得白了頭髮，整天長呼短嘆的，可是過了那幾年，孩子還是順利長成上進有禮的青年。

當然，別反應得太快，不是完全視而不見，分寸的拿捏，管或不管視許多狀況與條件而定，是藝術而非不變的規則，但是其間也有許多專家的研究與過來人的經驗值得我們參考，讓我們在猶豫徬徨時，有個可以觀照的方向，這本書的確是非常好看又實用的指引。

當孩子的挑釁行為像一顆子彈朝你射過來時，記得，請不要忙著反擊，就讓子彈飛一下吧！

（本文作者為牙醫師、作家、環保志工）

專文推薦

創造青春期的教養福分

秦夢群

家有孩子的人都知道，在孩子成長的過程中，青春期的教養問題最讓家長感到憂慮及擔心。青春期是孩子由兒童期發展至成年期之過渡階段，因此必須面對生理與心理的劇烈變化，青少年心理學家霍爾（Stanley G. Hall）特別將此時期稱為「狂飆期」（storm and stress period）。顧名思義，可知此時期的青少年，表現在外的是如風暴般強烈而不穩定的情緒波動。對許多家長而言，當孩子進入青春期，親子關係即面臨驚濤駭浪而衝突不斷。最常見的驚恐往往是「曾幾何時，我家可愛的孩子不見了」。

本書作者溫蒂．莫傑爾為臨床心理學家，以自身多年的諮商經驗及本身教養女兒的經歷，告訴父母別太擔心孩子看似「難搞」的行為，並以猶太教義鼓勵家有青春期孩子的父母，在面臨孩子青春期時難以承受的轉變，其實正是教養孩子的必要之苦。

本書的另一特點乃在以猶太民族的傳統，教導如何教養狂飆期的子女。猶太人歷經千年苦難，流離失所並遭受迫害，但其因宗教與家族之緊密結合，始終未被外族打倒。在美國讀書期間，身邊猶太同學展現之待人之道，隱約顯示出一份過人的成熟。與台灣家庭一樣，猶太人父母關切子女之行為更甚於一般美國家庭。他們如何在講究民主的西方社會中，發展出一條教養的康莊大道，值得我們加以關注。

在書中，作者列舉出青春期常見且讓家長束手無策的狀況，如奇特的興趣、態度差勁、面臨錯誤及壓力、物質主義、違規的行為等。但令人驚訝的，作者卻將這些一般父母憂心忡忡的事視為「福分」。因其認為孩子正常的叛逆行為，其實正是他們邁向心理成熟發展的過渡期。只要家長能適性引導子女成長，絆腳石也能轉變為踏腳石。

對於教養青少年的建議，本書作者最後提出請家長「鼓起勇氣，放手吧」。此並非鼓勵使用撒手不管的放任管教態度，而是提醒父母不要過猶不及。在孩子成長的旅途中，他們看似在繞遠路，但也是唯一能到達目的地的方式。因此家長不要堅持提供捷徑給孩子，要知道，成長沒有捷徑。父母需要做的，乃是尊重並支持這趟探索的旅程，只要適時給予指導即可。孩子也許跌跌撞撞，家長在心痛之餘，也必須了解此乃子女獨立人生的必經之路。歲月如白駒過隙，惟有親自體認成長痛苦與奮鬥的孩子，才能回首感謝家長的養育苦心。為人父母者實應多加深思。

（本文作者為政大教育行政與政策研究所教授兼所長）

專文推薦
逐一破解青少年的問題，給爸媽帶來信心

陳安儀

回顧我自己的青春期，實在不能僅用「風暴」一詞來形容。

我媽常說，我小時候是一個安靜的天使，貼心、乖巧，從不惹事。但是，自從進入青春期之後，我和父母的關係簡直就像一場災難：我的功課一落千丈，小時候五科一百的模範生不見了，取而代之的是數學十分、英文二十分的倒數成績。安靜內向的我消失了，改頭換面而來的我舉止、態度差勁，對父母刻薄、粗魯、蔑視、仇恨，每當他們教訓我的時候，我便伶牙俐齒地以激怒他們為樂。我熬夜、生活不正常；學會抽菸、喝酒、交亂七八糟的男朋友……讓我媽日夜以淚洗面，煩惱得夜不安枕。

如今風水輪流轉，我女兒也將步入青春期。每當我回想起我自己當年與母親的關係，就彷彿一場惡夢，要從頭再做一次，只是苦主換人——這回，惴惴不安的人換成了我。尤其是當女兒逐漸開始顯現青春期的「症頭」：頂嘴、粗魯、態度差勁……我真的是誠惶誠恐、不知所措地等待著報應即將來到……

因此，拿到這本書，就像是即將步入死期的人拿到了解藥！猶太心理學家溫蒂用非常

實際而有效的方法，一項一項將青少年的問題逐一破解，並且以「有福的父母」來給做爸媽的帶來信心。例如：「孩子舉止怪異的父母有福了」、「孩子態度差勁的父母有福了」、「孩子只考B的父母有福了」、「孩子熬夜的父母有福了」、「孩子闖禍的父母有福了」……這裡面提到的青少年問題包羅萬象，包括藥物、性、宿醉、奇裝異服、穿環打洞……都提出了父母可以應對的方式和適當的解決辦法。

不用說，拿到書稿我第一個看的就是孩子態度「粗魯、不遜」的那一章，讀完之後，我才恍然大悟，原來青少年的腦袋還有一部分尚未發育完全，他們雖然外表像個大人，但事實上體貼、同理、記憶、邏輯的部分，並無法像成人一樣。而作者身為一個心理學家，除了自身的專業，還有無數諮商的經驗與技巧，因此除了解說「為什麼」之外，她更仔細地教導父母如何辨別哪些行為是青少年的必經路程，父母必須「忽略」、「視而不見」，而哪些事則必須提出糾正。

至於要怎麼糾正態度不好、叛逆的青少年？作者也舉出非常多實用的例子，比方如何列出「粗魯清單」，制定每個家庭不同的禮儀守則；如何以準確的言行對付孩子賴床、遲到；如何看待孩子的功課低落；如何鼓勵孩子在衝撞之後，找到自己處理問題的方法。

這是一本非常實用的青少年教養書，也可以說是一本放諸世界皆準的工具書。無論是家有青少年，或家有即將進入青春期孩子的父母，都應該預先閱讀，先做準備。在此推薦給大家。

（本文作者為人氣親子部落客、媽媽 play 親子聚會創辦人）

專文推薦

對青春期孩子傷痛欲絕的父母，您有福了！

彭菊仙

我覺得自己非常幸運，能夠在孩子快要進入青春期前讀到此書，因為截至目前為止，我鮮少在路上看到讓我賞心悅目的青少年。特別是男孩，當他們勾肩搭背、穿著垮褲、頂著不明髮色又遮住視線的怪頭，言語無味地迎面而過時，我總是不屑一顧，卻不免想著，我家三隻小豬，長大就這副德性啊？不！我絕不相信！

當我看到鄰家往日彬彬有禮的男孩，一上了國中竟然常常怒氣沖沖、摔門而入時，我揣想，我家的三隻現在就已桀驁難馴，將來我們家不就天天都像世界大戰？不！我絕不能接受！

更有甚者，每當聽到友人教訓青春期的孩子，往往最後演變成兒子罵老子，而且理直又氣壯、分貝加三倍之時，我真的害怕，非常害怕，因為像這樣爆炸威力無窮的炸彈，我家可是有三枚啊！不！我不要！我真的會崩潰啊！

孩子到了青春期，就是宣告親子美好關係的終止？孩子總是忘恩負義、行為膚淺，給我們當頭棒喝，要我們認命：生養孩子不過是白忙一場的惡夢？

當看到溫蒂・莫傑爾以嶄新的觀點解讀青少年的粗暴狂亂時，我像是突然戴上一副特製的透視眼鏡，超乎想像地穿透了青少年的深層心靈，看到我所想不到的，思考我所不知道的。

作者雖以宗教智慧做理論基礎，但是只要掌握此理，任何一位為教養青春期孩子深感苦惱的父母必定會豁然開朗。她把猶太人離開埃及，前往應許之地的漫長路途，比喻為猶太人民的「青春期」。雖然上帝知道有一條捷徑可以直接穿越沙漠，祂卻刻意讓摩西花費四十年時光帶領人民繞行遠路，一路上人民叫囂抱怨、紊亂脫序，摩西卻秉持冷靜與智慧，終於帶領大家安抵目的。「猶太人民的青春期得夠長、得受夠磨難，才能真正生出得來不易的智慧，最終也才能真正長大。」

以此延伸對教育青少年的思考，同樣是「不可抄近路」，教養青少年難若登天，各種痛苦卻都是必要之苦。作者特別提到，孩子種種叛逆的行為，並非針對我們而來，行徑怪異、奇裝異服，意味著他們獨特的性格逐漸浮現，而是源自於他們開始準備離開父母的意念。因此，孩子會以過度違抗父母、刻意拒絕父母，以完完全全感受自我意識；犯下愚蠢的錯誤，以便深深感受是非對錯。我們不給青少年夠多的時間發牢騷、打轉，甚至犯錯，那麼他們就如同猶太人到達不了最後的應許之地。

這個古老故事正提醒我們，以正面、慈愛的眼光看待青春期兒女穿越崎嶇難行之路的種種反應與轉變，寬容看待他們意欲衝破一切、展露自我的強烈本能，如同長途跋涉中，摩西始終冷靜面對群眾的一切混亂一般，我們也得練習「縮減自己的力量，得收回，得吸氣」，當他們處在無傷大雅的危機、錯誤、心碎、被拒絕時刻，我們避免捲入過深，保持適度的關心與適度的置身事外。

溫蒂．莫傑爾還供給我們很多實用的管教方法，比如：依據孩子的身心發展狀態，列舉一份「行徑過當的言行清單」，規範關於禮貌、應對、電腦使用規則、穿著、社交、夜歸等問題，要求孩子遵守清單並確實執行後果，才能避免孩子予取予求，並且避免自責。我們要學習對孩子的攻擊視而不見，而將焦點放在是否違背「言行清單」之上，一切都得「照規矩來」，否則很可能在這個風暴時期，讓家庭轉變成固定的叫囂溝通模式。

對於青春期孩子情緒波動很大的苦惱，作者提出的「有益的受苦」，這真是父母的一大福音：「他們感到無聊、孤單、失望、挫敗、鬱鬱寡歡，都是有益的，因為他們必須在獨立以前，熟悉情緒波動的模式，而懂得去釐清與解決自己的問題。」看完這段話，我真是深感寬心，實在不需要對孩子的心緒起伏過度焦慮，因為我必須告訴孩子，生活裡就是容許正常的起起落落啊！

對於性、網路、酒精、藥物等難以啟齒的問題，溫蒂．莫傑爾更風趣而務實地提供父母們妙招，如何堅守孩子們看來古板的正義，而讓孩子擺脫成癮、不被輕浮的性觀念所扭曲？這裡，一定要見識作者所提的「惡之衝動」理論，如此，孩子在這段人生風暴中，將能把狂放粗暴導正而為朝氣蓬勃的力量！（本文作者為 Chu-Chu 媽咪、親子教養作家）

專文推薦

多一份了解，多一份愛的交流

番紅花

懷抱著新生嬰兒，親自把乳頭放入他嘴裡任他吸潤時，天地靜好。初為人母以為嬰兒永遠甜美，等到過了幾年以後，嬰兒長為一頭精力充沛、敏捷活潑、四處闖禍、好奇好動的小獸，我才開始體會這新生命，可是會在歲月的遞嬗裡，不斷丟出成長的挑戰給我。而我將一路在孩子的心智演變下，領受他們的小小心靈大衝撞。啊，誰沒有成長路哪。

青春期的孩子更是難以捉摸，據說他們有時候寧靜如天邊的晚霞，而有時，那寧靜只是山雨欲來風滿樓，稍一不察，孩子就轉化為一陣呼嘯而來的暴風雨了。這本《孩子我不要你功課好，但是你要學會解決問題》（原書名《從B^-到A^+的猶太教養智慧》），便幫助我預習了解那青春期的孩子，需要父母所給予怎樣的自由與關愛，多一份了解，多一份愛的交流。

猶太教義於我們東方是頗陌生的，溫蒂．莫傑爾在這本書裡提出一些啟示和觀點，讓我感到值得深思。例如她提到青少年去打工，一份薪資微薄、但腳踏實地的工作，其意義可能比海外志工來得更大，給薪工作的實際價值和靈性價值在哪裡？世界的責任在哪裡？

當青春期孩子的物質欲望高漲，我們該如何面對與引導？在他們青春生命的當口，這本書確實誠摯地給予很多父母親一個足供參考的清楚方向。

我的老大 Milla 也即將邁向青春期了，我們全家都很興奮地期待這條成長路、每個階段帶來不同的教養風景。未來或許難免會有風風雨雨，但出於愛、理性、尊重和父母堅定的信心，我相信我們可以「可愛」地度過，把成長視為一份祝福，就像溫蒂在這本書裡說的，日常工作宛如一份禮物啊！

（本文作者為親子教養作家）

專文推薦
如果教養需要一種信仰

黃文弘

二〇一一初春，美國耶魯大學華裔教授蔡美兒出書，記述她對兩個女兒的嚴厲管教及其「卓越成果」。由於在媒體上高調宣揚，這位「虎媽」（Tiger mother）意外掀起美國各界對教養方式的爭論，兩造激辯中式高壓管教和重視孩子尊嚴的西方教育孰優。這當然沒有標準答案，有趣的是蔡教授提到當小女兒反叛管教，即使強悍如她也只得調整做法，以挽回幾近冰封的母女關係。

不管家教鬆緊，也不論是品學兼優的模範生、火爆衝動的校園老大、內向安靜的乖寶寶，還是明星學校裡最頂尖的資優生，青春期一到都像定時器般「發作」躁動情緒及詭譎行徑。其實，「叛逆」是尋覓自我的一段歷程，它的樣貌可以是叼著菸打撞球、拒絕聯考，也可能激戰網路遊戲、流連夜店，甚至嗑藥、援交。這些青春期的「衝撞」猶如蛹蛻，不僅孩子掙扎其中，在旁守候的父母也備受煎熬。昆蟲學家提醒我們，如因心疼蛻變之苦而幫忙破蛹，反將剝奪翅膀在擠壓過程中強化的機會，不利競爭生存。若干臨床案例雖然順服地度過青春期，卻在他們成家立業後出現遞延的反彈，不斷「叛逆」自己的健康、婚姻、工作或人際關係，甚而波及自己和下一代的親子互動。

然而，面對不斷出包、挑釁的孩子，說來輕鬆的「放手」、「尊重」卻變成充滿掙扎的功課。每每和父母們談到他們叛逆的孩子，總要提醒「完美父母」對成長的窒息效應，以減輕他們在自責裡發酵的無力感和怒氣。不過門診／會談畢竟時間有限，一直在尋覓可以推薦給家長們的好書，陪伴他們釋放壓力、重建與青春期子女的良性互動。

本書作者是知名的心理學者及親職作家，她以自身經驗重新檢視教養邏輯，發展出更貼近「家庭成長」的方法。書中分章討論美國青少年的各種疑難雜症，這些與本地家庭面臨的困境並無二致。作者捨棄艱澀拗口的心理術語，大量採用日常對話來重現生活場景，讀來頗具臨場感；在輕鬆詼諧的字裡行間，作者更不著痕跡地融入心理學的核心概念。她還特別引用古老智慧，以傳統的猶太教義來安撫千瘡百孔的家長。我建議不熟悉猶太教義的讀者，可以用自己的文化和宗教來解讀這部分的內容。記得有一位母親告訴我，她某天從掙扎的親子關係中頓悟佛法，不再擔心自己的不完美。幾個月後，她的家庭互動獲得改善，孩子和「不完美媽媽」反而更顯親近。

耶魯教授媽媽的中式管教衝擊了美國社會。期待這本來自不同文化的著作，也能為台灣的教養討論激盪出更多可能性。誠摯推薦這本書，相信大家會和我一樣獲益良多。

（本文作者為耕莘醫院永和分院心理衛生科心理諮商中心主任）

目錄
Contents

目錄
Contents

作者的話

本書引用的猶太教誨，除非特別提及，否則皆選自下列出處：聖經註釋及大部分的希伯來文譯文皆選自猶太拉比[1]甘瑟・柏拉伍特（W. Gunther Plaut）的《律法書[2]——當代註釋》[3]以及拉比亞伯拉罕・班・以賽亞（Abraham Ben Isiah）與班傑明・夏夫曼（Benjamin Sharfman）合寫的《摩西五經與瑞希之註釋》[4]。其他譯文節錄自猶太出版協會的《希伯來聖經[5]——聖經新譯》[6]。需要自三種出處擇一時，我往往會將三種內容整合為一。

書中十二世紀猶太哲學家、醫師摩西・邁蒙尼德（Moses Maimonides）的言論，引自菲利浦・本鮑姆（Philip Birnbaum）在《米示拿[7]律法書——法律與道德之邁蒙尼德法規》[8]

---

1 拉比（Rabbi）指猶太人的老師，也是智者的象徵，為猶太人講道、主持儀式，在猶太教的地位崇高。

2 《律法書》（*Torah*，又音譯為《妥拉》），即《摩西五經》（*Pentateuch*），指〈創世紀〉、〈出埃及記〉、〈利未記〉、〈民數記〉、〈申命記〉這五卷經書。

3 *The Torah: A Modern Commentary* (New York: Union of American Hebrew Congregations, 1981)

4 *The Pentateuch and Rashi's Commentary* (New York: S. S. and R. Publishing, 1949)

5 《希伯來聖經》（*Tanakh*，又音譯為《塔納赫》或《他那賀》），與基督宗教的《舊約聖經》（*Old Testament*）內容大致相同，但編排順序與卷數不同。

6 *Tanakh: A New Translation of the Holy Scriptures* (Philadelphia and Jerusalem: 1985)

7 〈米示拿〉（*Mishnah*），為《猶太法典》（*Talmud*，又音譯為《塔木德》）的第一部分，是猶太教的法規彙編。

8 *Mishneh Torah: Maimonides Code of Law and Ethics* (New York: Hebrew Publishing Company, 1944)

裡的譯文及註解。巴比倫猶太法典的教誨節錄自《巴比倫猶太法典》[9]的蕭騰斯坦版本（Schottenstein Editon）。第八章拉比約拿·季倫迪（Jonah Girondi）對於悔改的看法以及第九章拉比猶大王子（Judah the Prince）對於歡樂的觀點，皆是拉比約瑟夫·泰魯希金（Joseph Telushkin）於其經典彙編《猶太智慧》[10]裡所提及的。

---

9 *Talmud Bavli* (Artscroll Series, New York: Mesorah Publications, 1993)

10 *Jewish Wisdom* (New York: William Morrow, 1994)

CH1

能教養青少年的父母有福了

《孩子需要的九種福分》出版後，常有人問我為何想寫那本書，我總說是為了提醒自己照著書中內容去做，而這樣提醒自己還滿有效的。藉著寫在書裡的猶太教誨，我抗拒得了過度保護、過度溺愛、為孩子安排過多課外學習的極端教養方式，也抵擋得了我撫養兩名年幼女兒長大的洛杉磯社區裡，那種常見的、如天高的期許。我教導孩子要懂得尊敬父母時，腦中思緒既清晰又能綜觀全局。於此同時，我也盡可能**尊重孩子**，尊重她們與生俱來的天賦及限制。我天天用猶太法典裡父母必須教孩子游泳的訓誨提醒自己，而我實踐這種信念的方式，是讓女兒爬上高樹、使用銳利的刀、拿熱燙的鍋子煮東西。再加上我住在美國南加州，所以女兒年紀還小時，我就開始讓她們學游泳，讓她們躍進大海，潛入大海底下。

我第一本書問世時，一對女兒分別九歲及十三歲大，當時我自信滿滿地等著她們長成青少女。談到青少年，我可是專家呢——貨真價實、如假包換的專家。我是臨床社會心理學家，換句話說，我受過訓練，能把情緒問題放在文化脈絡下探討。我提供家庭諮商已達三十年之久，專精於親子教育及兒童正常發展。我知道個體化有哪些理論，明白青春期對心情有何影響，了解生理時鐘的晝夜節奏會如何打亂青少年的睡眠週期，而青少年又有多麼需要多巴胺[11]。我很清楚快速、緊張、粗俗、處處競爭的當代文化對正在發展品格的年輕人有何負面影響，也發現了現代青少年面對焦慮、飲食失調、自殘、憂鬱、學習及注意力問題、藥物濫用等等情況時，內心有多麼脆弱。

據我料想，既然我身懷專業及宗教的各種招數，我將能引導一對女兒安然度過青春期常見的各種危險。她們上了中學後會變得更有責任感、更成熟，也會變成更棒的家庭成員。在我有計畫地引導之下，我們會一起培養相同嗜好，還能更深入地對話，並樂在其中。家裡有了這兩位身材高䠷、絕頂聰明、表達清晰又富有創意的得力幫手，相信我們日常家庭生活之輪將會滾動得更順暢。

事實不然。

隨著女兒日漸長大，愉悅的日常生活舞步也逐漸消失無蹤，取而代之的是無止盡地在想像得到的每一件事情上較量角力：起床（她們爬不起來）；就寢（她們不肯上床睡覺）；做家事（「我沒辦法啦！媽！我下課後要去練樂團，而且明天還有一個超重要的考試！」）。她們房間裡以往那種令人身心舒暢的乾淨整潔已不復見，她們得了只有青少年才會罹患的眼疾，對地板上成堆的衣服和喝完的空杯視而不見。她們穿著看起來該拿去回收的破爛衣服，卻對漂漂亮亮的洋裝敬謝不敏。她們參與對話的方式，多半是從關上的房門裡吐出一個字，再不然就是尖酸地大聲責怪我和丈夫。家裡隨時可能出問題、隨時可能有誰把滿腔憤怒傾瀉而出。有時我不禁懷疑自己究竟適不適合當母親——我不曉得是否大勢已去，我是不是已經把孩子給毀了？我提醒自己，要吵架，就挑值得吵的事來吵。但我

11 dopamine，讓人興奮、愛冒險的腦內神經傳導物質。

不知道哪些事值得吵？要吵的事實在太多了！我告訴自己任由她們去犯錯，貫徹青少年版本的「任他們跌破膝蓋」。然而此時這種勸告顯得太過天真。要是她們惹上什麼大麻煩，結果永遠毀了學業、健康，甚至是未來呢？我工作時幫助過數以百計的家庭，如今卻對自己的家庭束手無策。

除了生氣、困惑之外，我也傷心不已。撫育稚齡兒女猶如天天享受源源不絕的柔情蜜意，她們老是把你黏得緊緊的——「媽咪、爸比，跟我一起躺好不好……再唸一本故事書給我聽……陪到我睡著！」而今女兒房門掛上了牌子——「請勿進入。沒錯，就是你。」就是我。幫她們換過沾滿嘔吐物的被單、輕哼過能讓她們安心入睡的那一首搖籃曲、抱她們搖啊搖啊搖的這個我。**請勿進入。沒錯，就是你。**

接著我腦中靈光一閃。我想起了猶太教義！孩子年紀還小時，猶太教義曾經幫我把每天的教養難題化為日復一日的神聖課題。它提醒我，孩子是上帝借給父母的，我們只不過是管事罷了。它指引我去遵從最基本卻非常有效的中庸（moderation）、慶祝（celebration）、潔聖（sanctification）三大原則。沒錯，我曾煞費苦心把猶太儀式帶進家裡，如今我將再度烘焙猶太辮子麵包（*challah*），就從揉麵糰開始做起。我會在每個星期五晚上烘焙麵包。我想像麵包香味飄進女兒房內，然後她們將宛如古代聖殿裡的祭祀品會「叫神喜悅」那般，滿心歡喜地隨著香味下樓來。走下樓梯後，她們會停住腳步，望著布置得美輪美奐的安息日餐桌面露微笑，等不及那曾經切切實實地讓我們家庭緊密連繫多年，並提升我們靈性的儀式再度開始。我們會討論律法書裡頭關於家庭和諧（*shalom bayit*）[12]的部分，兩個女兒會懊惱無比卻又滿懷希望地問道，要怎麼做才能彌補自己態度差勁、不懂感激又懶散怠惰的種種作為。

但事實仍不然。

到了星期五晚上，兩個女兒都說很忙，沒辦法跟我們共進安息日晚餐，最後我眼前只剩下丈夫、辮子麵包、葡萄汁、葡萄酒，以及異常充裕的時間，足可用來檢討反省。我認為回歸猶太教義仍有其著力點，但最好別太過強調家庭儀式，反而該著重於穩固自己在精神層面的立場。

我再一次發現了古老拉比教誨中確切可行的智慧。我重讀了猶太教的主要故事之一——從埃及前往應許之地的漫長路途。我常聽到有人把那趟路途形容成猶太人的青春期，也就是從奴隸之身的「童年」到成為應許之地主人的成熟歲月之間的過渡期，不過現在我能以親身跋涉者的眼光來看待那種比喻了。摩西得帶領一群抱怨連連的信眾，並忍受他們四十年。每次他一轉身，就算只是轉過去短短一分鐘，那群信眾就會在他背後搞鬼，他們所作所為就跟父母都十分熟悉的青少年搗蛋方式如出一轍：貪食嗎哪（manna）[13]、崇拜金光閃閃的假偶像、飲酒作樂。摩西想對猶太人講道理，他們卻語帶嘲諷地說：「難道

12 希伯來文的「*shalom*」有和平、平安、完全、豐富、祝福等多重含義。

13 據《聖經．出埃及記》載，嗎哪為上帝耶和華賜給以色列人的食物，樣子像芫荽子，顏色是白的，滋味如同攙蜜的薄餅。

在埃及沒有墳地，你把我們帶來死在這鬼地方嗎？」他們威脅他要群起反抗。他們怨聲載道，說但願自己能恢復奴隸之身。聖經註釋裡說明，雖然有一條路能直接穿越沙漠，上帝卻刻意領摩西花費數十年歲月繞遠路。猶太人的青春期得夠長、得受夠磨難，才能真正生出得來不易的智慧，最終也才能真正長大。不可抄近路。

我忽視了「不可抄近路」這條對父母的訓誨。身為心理學家，卻沒能用專業保護我的家庭免受青春期轉變的影響，這種情形不足為奇，因為教養青少年向來難若登天。教養青少年**就是得**難若登天。猶太教義訓誨我們，青春期裡這種痛苦難當的轉變，正是所謂「教養孩子的必要之苦」（*tzar giddul banim*）。從執業生涯中，我明白了這份痛苦主要源自於青少年開始離開父母時所付出的努力。他們離開父母、建立自我認同，另一方面卻又渴望感到安全、舒適。他們反抗權威，不自覺地讓自己眼中的父母顯得較討人厭，如此一來便較容易離開父母。他們跟朋友黏在一塊兒，但那些朋友就跟他們自個兒一樣反覆無常又難搞。他們的職責所在就是去違抗父母、去犯錯，以便深深地感受何謂是非對錯；去拒絕父母，以便完完全全地弄清楚自身的自我意識。我們必須去體驗這種「必要之苦」。若是父母不尊重這趟路途，若是我們堅持找出一條近路（正如我當初堅持那般），若是我們不給青少年夠多時間大發牢騷、犯下愚蠢錯誤、拒絕我們，那麼他們就抵達不了目的地。我動筆寫這本書，是因為我得寫，因為我得提醒自己去愛青春期女兒穿越沙漠時所走的那條崎嶇難行之路。

我發現自己受到了傳統猶太教「每日至少要說一百句祝福或感恩禱詞」之勸誡的感召。一早起床時、盥洗後、吃當季第一份水果前、穿新衣服前，種種時刻都各有規定的禱詞。就連發生壞事也要唸禱詞：「上帝，謝謝祢考驗我的靈性。」我意會到，對所有的父母來說，面對由於青少年尋求分離而導致的必要之苦時，道出祝福或許也是一種充滿智慧的修行方法。我這麼說，並不是因為我們得佯裝高興地表示：「我們家一切沒問題！」而是由於這種痛苦意味著青春期正在自然運轉。明瞭青春期發展的這種特性非常要緊，否則我們便會把青少年正常的叛逆行為解讀為針對自己而來。我們會捲入孩子的問題裡。我們會迅速一瞥處於這個時期的孩子，然後把此時此刻所見的片段錯當成他們漫漫一生的史詩電影。我們會與孩子牽扯過深，以致於無法置身事外、冷靜思考，難以思緒清晰地引領他們。我們會每天都根據媒體散播的恐懼，或根據我們認為什麼有助於申請大學而做出決定，卻沒引導孩子養成自立、自制、中庸、潔聖、慶祝等猶太價值觀。

我建議困惑的父母把子女的青春期視為一種福分，並非說的比唱的好聽。當孩子處於對宗教不耐煩的年紀時，你可以心懷敬意地暫時接下宗教層次的任務，亦即漸漸養成感恩的態度，並改變自己的觀點，而非只是想要掌控孩子。接下來每一章分別會談到父母普遍有所怨言的青少年作為，並將之重新解讀為心理發展良好、靈性有所成長的健康現象：

- 青少年行徑怪異，與你的夢想、計畫皆背道而馳，令你氣惱至極，不過那些行為其實意味著你家青少年獨特的性格已逐漸顯現。當你這位家長寬容地接受青春期子女展露出來的自我時，便能讓他心理更健康、道德感更完善、靈性滋長得更茁壯。

- 青少年粗魯無禮的舉止是種矛盾現象。一方面讓你明白青春期子女正拚了命要離開你，但另一方面也讓你知道自己對他們來說是那個「安全」的人，能在他們還沒完全長大之時接納他們的挫敗感。你可以捉住良機，為青春期子女設下合理界線，還能親身示範成熟大人不會輕易被無禮態度激怒。
- 要讓青少年領略到辛勤工作有多麼重要，方法之一便是讓他們承受拖延、怠惰引來的後果。明智的父母會克制自己別介入，任由後果自然發生，就算孩子的成績可能會不如預期也一樣。
- 在自我身分認同迅速變化的這個時期，享受物質、自我中心的行為十分正常。正如孕婦會注意體內變化，揣想身體起了哪些改變，幻想寶寶長得什麼模樣，青少年試圖建立自我時也會憂心忡忡的。父母可以寬容的態度面對這段時期，並把握時機，教導青少年跳脫以自我為中心的思考方式，為自己的未來做打算。
- 當青少年違反規矩，甚至觸法的時候，通常是因為無法滿足於我們道德體系裡呆板的教條。什麼是對的，什麼又是錯的？大人訂下規矩後，真會說到做到嗎？有沒有例外的時候？只要父母要求家中青少年彌補自己犯下的錯誤，同時幫他們稍稍紓解太過旺盛的精力，便能讓他們深切地體會到道德規範是如何運作的。

- 青少年老是惹麻煩。他們釀下禍事，卻又搞不清楚後果有多嚴重。這是個能讓他們學會自立的好機會——怎麼解決問題、怎麼從困境中找出對自己有利的立基點。
- 晚睡有時是青少年試圖獨立的表現，四處閒蕩則能釋放成長過程中的壓力。青少年有時需要喘口氣，並維護自己玩樂、休息的需求，父母應予以尊重。
- 至於有限度地嘗試酒精飲料、親密接觸，甚至是藥物，都能在青少年還處於你羽翼之下時，讓他們學會約束那些會大幅影響身心的行為，保護自己免受危險。

我明白，要把家中青少年的反抗視為福分並不容易，得擁有洞察力及勇氣才辦得到。希伯來文裡的「埃及」是「*mitzrayim*」，意思是狹窄之處。猶太人逃離埃及，到了沙漠、曠野裡（*b'midbar*），這一路上沒人能擔保另一端有什麼等著，更美好的新土地不過是個承諾。他們得相信帶領者摩西，得相信那尚不可知的未來。青春期同樣是沒有藍圖、毫無保障的改變期。青春期子女穿越沙漠時，我們很容易認為自己該保護他們。然而保護他們並非父母的職責，我們的職責是引領他們穿越沙漠。

教養青春期子女還能領受另一種福分——你能利用前所未有的機會發展領導才能。孩子還小時，你該主動積極地引導他們。你雖然任他們跌破膝蓋、讓他們從錯誤中學習，卻也親自檢查他們的書包，看看是不是漏了什麼作業，注意他們有沒有把頭髮梳好，天冷時確認他們戴了手套、帽子。如今身為青少年的父母，你的職責卻違背直覺反應。正如公司經理必須抗拒事必躬親的管理方式，公司內部作業才會有效率，你也該試著跟子女保持適當距離了，別多做，反而要少做。

跟子女保持適當距離並非冷漠無情的表現，保持距離並不意味你會不顧父母職責，其實正好相反，跟子女保持適當距離是一種能夠維持關係平衡的舉動，既需要同情心（*rachmanut*），也需要「收縮神性的力量」（*tsimtsum*）[14]才做得到。這種頗有成效的屬靈模式是以上帝與我們（祂的子女）之間的關係為基礎，讓自己懂得放手、不再去控制孩子。猶太教神祕傳統派認為萬物皆源自上帝，上帝的光與能量充滿了整個宇宙，然而為了挪出空間來擴展世界，好放入花草樹木、動物、人，上帝得吸氣，得收回、縮減自己的力量。青少年的父母也可以那麼做。我們身為孩子的帶領者，必須在他們遇上危機、犯錯、心碎、被拒絕的種種時刻置身事外。我們可以態度堅定，稍稍帶著樂趣地觀看他們每天發生了哪些事情，如此便是做到了同情心與收縮神性的力量。單核細胞增多症（Mononucleosis）[15]在全校大流行；兒子被逮著在地面結冰的停車場裡甩尾，結果吃了一張罰單；女兒被知心好友一刀兩斷時又傷心又抓狂——在這些時候，請關心他，**並保持適當距離**。請弄清楚危機和緊急狀況有何不同。別太擔心自己會在鄰里裡出了名；別反應得太快；在家庭生活之外培養嗜好、興趣，以便紓解一些緊繃的心情；從發生的事件裡找出能幽默以待的部分。深呼吸，然後撒手不管，如此一來，你便是讓孩子擁有了成長的空間。

猶太信仰對於福分的觀點，能讓我們不再短視地看待生活裡發生的事件。（「我女兒數學只考了B^-，這下完蛋了啦！」）這些福分教我們感到失落，卻也讓我們提升了靈性。我們遭受嚴格考驗，信心漸漸消磨殆盡，因而備感失落；當孩子踏入了最難搞的青春期，而我們周遭彷彿人人都喝了供應源源不絕的恐懼和焦慮的能量飲料時，猶太教義卻要我們以更長遠的眼光看待青少年的成長過程，於是我們也提升了靈性，擁有更棒的體驗、培養出更深的智慧。從《孩子需要的九種福分》出版直至你手上這本書發行的十年間，我親眼見到慈祥體貼而明智的父母（包括我自己，還有我的案主、親友、學生）養育的孩子努力解決生活中的難題，我也看到他們幾乎一個個都長成了令人欣賞又有意思的年輕人。如今女兒都長大了，我猶記得她們還是青少女時我有多麼苦惱、困惑、害怕，然而回首她們在青春期那段日子裡四處惹出的麻煩，那些美妙無比的友情及冒險經歷，還有她們為了弄清楚怎麼長大而費盡多少心力時，我仍然感到樂趣無窮。身為青少年的父母，我們必須以全新的冷靜權威角色引領他們，不只是為了孩子及我們自己，也是為了整個社會，為了修復這個世界（*tikkun olam*）[16]。

14 希伯來文的「*tsimtsum*」源自猶太教神祕傳統派以撒・路呂亞（Isaac Luria）的教導，解釋上帝在創造世界的過程，將祂無限的神性發展能力做收縮，使有限世界有足夠的空間形成，得以被創造。

15 單核細胞增多症，是一種由EB病毒引起的急性單核細胞（白血球的一種）增生疾病，病徵有發熱、淋巴結腫大、咽喉痛、出疹子等。主要透過口水、飛沫傳播，患者多為年輕人，因而俗稱「接吻病」（Kissing Disease）

16 猶太教義認為世界是破碎的，而每個人有責任透過改正自己的錯誤來修復這個世界，讓世界更美好。

CH2

孩子舉止怪異的父母有福了，因為你能接納他們的獨特光采

我聽一位高中校長說過，有位學生瞞著爸媽參加話劇社。這位學生的家長一心想把她送進名校，參加話劇社這種事在他們看來只是浪費時間，在成績單上不值一提。於是這位十幾歲的女孩要去排演時，就跟爸媽說她要去圖書館或朋友家念書。從朋友、話劇社社員到話劇老師，所有的人都幫她保密。她爸媽從沒發現過，從沒觀賞過她演出，因此也從沒見過女兒做她最熱愛的事。

我把這件事告訴另一所高中的戲劇科主任，他說，每次家長擔心「參加戲劇演出」列在成績單裡看起來觀感如何時，他就會對他們解釋：

每。
一齣。
戲碼。
都。
可以。
寫。
一行。

「看到沒，這樣的成績單比豪宅還強！」他會這樣告訴家長。「戲劇科可是在精華地段送了一堆土地給學生耶！」然後家長就會鬆了一大口氣。[17]

我在課堂上轉述這件事時，在場的人聽了都又害怕又寬心地笑出聲來。他們害怕自己也錯失孩子蛻變成明星的那個時刻，也因得知在引領青春期子女順利長大成人的這條苦路上，自己並不是唯一一位有時忽視孩子真正天賦及夢想的父母，而稍感寬心。

在《孩子需要的九種福分》一書裡，我曾談到如其所是地接納子女，不把他們當成各方面都很優秀的小冠軍，而是根據上帝的形像創造出來的、很棒的平凡孩子。在臉蛋吹彈可破、咯咯發笑的六歲小孩身上，父母應該多半不難發現上帝的存在，況且此時此刻孩子的未來仍安安穩穩地遙在天邊。

然而，一旦到了上國中的時刻，就連最從容自在的父母也會開始感到充滿愛心地接納子女實非易事。孩子到了十一、二歲時，每天得冒的風險似乎比我們成長時突然增加許多，各種危險在黑暗中蠢蠢欲動。與其他父母聊天的內容，變成了確保讓孩子在踏進高中叢林前便擁有優勢是多麼重要：瑞秋不夠自律，我擔心她要是沒辦法參加資優方案的話，最後可能會跟毒蟲混在一起。在宴會上，父母不再討論哪裡買得到健康零食，熱門話題變成了競爭激烈的申請大學過程：你有沒有在「大學機密」網站上看到有人說，吹管樂的小孩比較容易拿到獎學金？傑若米就是因為這樣才去學雙簧管的。你幫班哲明找到新的數學

17 美國的大學在招生時，主要注重學生的學業表現、成績及課外活動三大部分。戲劇科主任說的玩笑話，是指學生申請大學時可以在成績單上把演過的戲碼一行行列出來，這樣一來，成績單裡的課外活動內容乍看之下就會顯得非常豐富，因而讓招生委員留下好印象。

家教了沒？早在小學六年級時，要選修哪些科目就足以讓人焦頭爛額了：亞莉森可以開始上外文課了嗎？該讓她專修法文嗎？

孩子還小時，我們認為任由自己沉醉在她平凡的成就裡沒什麼不好，然而好景不再。現在一切都開始「算數」了。平凡再也不夠好了。當孩子彷彿身負了寫著「亟待處理」的大型看板一樣，在外頭走來走去時，平凡便再也不夠好了。如果這幾年光陰將永遠塑造出他的品格，如果她想要進得了大學，那麼平凡便再也不夠好了。我們很難不把孩子視為必須研製良好、包裝精美的產品，等著通過審查。運動表現出色？是。至少精熟一種樂器？是。學業性向測驗成績優異？是。體態良好、身體健康？是。擔任學生幹部？是。家長要是沒全面督促孩子，簡直就像是怠忽職守了。有位母親私下向我透露，她正煩惱著家裡的老二：

他實在是個好孩子。他還是很愛火車模型，也喜歡跟小妹玩鬧。大家都喜歡有他作伴，可是他還沒什麼特別成就，也沒找到什麼真正的嗜好。他現在才十四歲，可是其他家長的態度看起來就好像只能有兩種排名似的——不是領先就是落後。我忍不住覺得自己好像該幫亞當「做些什麼」，逼他逼緊一點，要他把火車放在一旁，找些沒那麼幼稚的事情來做。我心裡真的很難過。我們家裡最快樂的人就是他了，這種特質很棒，對不對？

期盼孩子面面俱到——會念書、擅長社交、藝術才華洋溢、具有運動細胞，這種要求實在太嚴格了。期盼任何一個人十全十美，都是不切實際的。當我們那般期望時，青春期的孩子便因而受苦。我在某間學校擔任輔導老師，過去十年來，檯面底下塞紅包的傳聞、青少年力求完美的故事裡的黑暗面，都變成了我們開會時最常討論的議題。輔導老師談到那些青少年躲在〈沙丘魔堡〉、〈最後一戰〉、〈魔獸世界〉電玩裡紓解壓力，要不然就是繼續忍受作業轟炸。這些男孩做的功課比父母以前多，卻無法說出自己覺得功課有多無聊、多煩人。他們還不夠成熟，未能在完美與失敗之間找出折衷之道，只好選擇投降。至於女孩子則獨自忍著痛苦。詩人雅德里安・瑞奇（Adrienne Rich）寫道，當女孩無法碰觸怒氣，或是無法訴說怒氣時，便會「將怒氣轉而朝內，像根生鏽鐵釘」。她們會讓自己看起來很完美，私底下卻讓自己挨餓、割傷自己、灼傷自己。當身體感到痛楚時，她們便能藉此紓發內心壓力。我在諮商治療時遇過的一個女孩只這麼說：我覺得自己沒把某件事做好的時候，就會自殘。

美國文化對成功的定義十分狹隘：成績好不好、合不合群、有沒有企圖心、外型亮不亮眼。儘管這些特質皆可在令人滿意的成年生活裡佔一席之地，但其實我們都忘了孩子是根據上帝的形像（*b'ztelim Elohim*）[18]創造出來的。孩子踏入青春期後，依舊跟讀幼稚園時

18 據《聖經・創世紀》第一章第二十六至二十七節載，「*b'ztelim Elohim*」指上帝對人的創造是照祂自己的形像，使人與上帝所創造的萬物有所區別。

一樣，是根據上帝的形像創造而成的。他們自己的模樣就已經很棒了，不見得要符合我們期望他們成為的某種樣子。有些青少年的天賦、特質很容易被忽視，也可能難以用數字評量──他們容易親近動物，搭公車時很快就能與鄰座乘客找出彼此的共同點，或是對色彩的感受既狂野奔放卻又十分協調。有些青少年只是跟別人不一樣，但這並不意味他們絕對出了什麼毛病。

青少年也是琢磨到一半的作品，他們就是那麼自然而然地變化莫測。你今天見到的特質，到了星期一就可能已消失得無影無蹤了。上帝和大自然讓他們自有其成長節奏，父母無法把速度調快、調慢。接納家中青少年獨特的性格，並順其自然地讓他長大，是你身為父母將會面臨的艱難挑戰之一。這意思是順應孩子獨有的成長時間表、資質才能、性情、行事作風，而非反其道而行。若要讓孩子充分發揮天賦，讓她對生命充滿信心、熱愛生活，讓她自重，並且尊重你，那麼你是否能毫不猶豫地接納上帝賦予青春期子女的本質，便至關重要。

除非你辨認得出自己狂熱追求完美的動機為何，否則便很難全然接納家中青少年。在動機背後運作的因素眾多，不過最重要的三種是：父母自己未竟的夢想；擔心子女進哪一所大學，並煩惱他們茫茫的未來；以及被青春期子女排拒時的心痛。

青春大夢——誰的夢？

父母在檯面上、私底下都對孩子的未來懷著夢想，可說是再自然不過了，然而那些夢想應該奠基於孩子真正的渴望及才能，而非基於我們期盼他們擁有的夢想及能力。多少理智、聰明又無私的父母如此想像孩子的未來：

我家兒子每一科都拿滿分，還當上曲棍球隊隊長。他設計了一個網頁程式，能讓老師自己設計電腦化的選擇題試卷，那個網頁程式設計得很不錯，他想讀的那間大學會提供巨額獎學金，而他設計網頁程式拿到的酬勞可以補足獎學金不夠付學費的部分，而且啊，他暑假時還跟女朋友一起教弱勢族群的孩子衝浪呢。

不過也有其他種類的夢想。某位母親有兩個兒子，她告訴我：「我只希望其中一個是同性戀，他會成為藝術電影的布景設計，搭郵輪遊遍世界，等到我跟朋友住在養老院時，他會講一堆妙趣橫生的故事來逗我們開心。」或許你熱愛藝術，結果卻當了律師，而你女兒正好**對繪畫頗有天分**呢。

父母本來就會希望能對孩子引以為傲，但是請多加小心。當我們要求青春期子女完成我們設定的夢想或是達到不切實際的成就目標時，便是踰越了一條重要的界線。你想要兒子既是學者、運動員、創業家，又是人道主義者？要是真有成年人擁有全部這些天賦，恐怕也相當罕見，那麼你要求兒子成為那樣的人，難道合理嗎？要求子女完成你自己未竟的夢想，無論是過著藝術家般的生活、不費吹灰之力便能維持和諧的愛情關係，還是擁有令人讚賞的職業生涯，都可能引起大問題。

若父母無法接受自己的現狀（不管是無法接受自身的生活、模樣還是成就），便特別容易陷入迷思，但願孩子成為自己沒能變成的某種樣子。有些父母會因家裡青少年不是最出色的學生、運動員、參賽者或學生幹部而大發雷霆。我經常有機會與這種家長談話，當孩子的所作所為令他們失望時，他們會把那些行為的緣由解讀成跟自己牽連至深：

你應該拉大提琴的，不然至少也該彈吉他。

你應該要愛看書的。

你不該介意體重的（就像我這輩子一直都在介意體重一樣），更不該讓大家都知道你減重失敗。

我擔任學校董事時，你不該在學校裡惹出麻煩的。

爸媽這麼支持你、這麼有情緒素養，你跟別人打交道時不該表現得那麼笨拙才對。

父母把對自己的失望之情轉移到青春期子女身上時，便可能落入由來已久的困境。父母原本就很容易把青春期子女視為最後一次機會，冀望能藉此完成自己未曾實現的舊夢想。不過我認為這種現象如今更常見，因為青少年在家裡已經沒有什麼理所當然的職責了。社會利用青少年與生俱來的幹勁和愛逞強的習性，讓他們幫忙農事、家務、保衛家園，這種做法原屬慣例。但如今青少年多半被保護得好好的，免做任何狀似危險的工作。我們讓他們去幹別的活兒：念書念到半夜、花整個週末的時間參加曲棍球賽。青少年的職責是什麼？是光耀門楣、讓家人心安。父母很少坦承自己對青春期子女心懷期盼，不過要是他們說出口，那麼聽起來會是這個樣子：

只要瑪妮把學業性向測驗的分數拉高一百點，我們就辦到了。再加上個人簡介，她就會變成班上的風雲人物。家中老媽也得一分！

泰勒已經進了足球校隊，還是游泳隊隊長，現在老爸應該終於看得出來我這輩子已經做得很好了。他其他那些孫子根本就比不過泰勒嘛。

然而一償父母夙願（或是父母的父母的夙願），這份重擔對青少年來說猶如在田裡犁地那種艱辛漫長的日子一般，苦悶難當。

有些父母不曉得青春期子女顯然已經感受到自己心底那股失望，也不明白那份挫敗感正在深深地影響著家中青少年。某間女校的行政人員對學生問道：「妳們有什麼想讓爸媽知道的？開家長會的時候，妳們想要我跟他們說什麼嗎？」女孩們說：

「跟他們說我已經很努力了，我沒他們想像的那麼聰明。」

「我沒辦法樣樣都行。」

「就算我吃了根芝多士乳酪條或哪科拿了B，他們也用不著驚慌失措的。」

有間高中名校做了一項調查，問卷裡有個題目是請學生說出自己最害怕什麼。學校輔導老師告訴我，她原本認為學生多半會說害怕家人生病、成績不好、失去朋友、校園裡有恐怖份子攻擊，或是沒能申請到大學等，但是學生最常填的答案卻是「我最害怕讓爸媽失望」。

實現你的夢想並非孩子職責所在。當我們要求孩子達成父母的志向時，只是在造出備感壓力、自我挫敗、不快樂的年輕人。我們拒絕接受上帝對我們子女的期望。猶太思想裡有一種觀念相當重要，亦即上帝創造出來的每一個人，終其一生都各有特定目標要達成。人人都有責任找出自己被神聖地指派的任務，並付諸實行。身為父母，我們無法判定孩子完成那神聖侍事的路途是什麼模樣，我們也無法判定那條路的終點在何方。然而只要鼓勵孩子去了解自己擁有哪些獨特的長處，我們就能幫助他們踏出第一步。

但是……但是……我們在談的可是上大學耶！

美國文化告訴我們，各種資源都在迅速減少——夠好的大學、工作機會、新鮮空氣……等，未來的機會愈來愈短缺，只有超強的人才存活得下來。另一方面，新科技也變成我們整個生活的隱喻：我們的所作所為猶如網際網路一般，既無所遁形也難以抹滅。即便是年紀尚小的青少年，一旦踏錯一步，未來便會全盤皆空——他會永遠上不了大學、永遠找不到工作、永遠沒法扳回頹勢。想要讓父母接納青少年，從來不曾像現在這麼困難，因為現今情勢似乎已不容青少年一邊摸索一邊學習，也不容他們耍幼稚、表現笨拙或態度差勁了。隆隆作響的焦慮感始終不歇，迫使父母把焦點集中在成功、安穩的表象上——成績好、名氣高、有運動細胞、外貌出色。而孩子也會感受到這種短缺的局勢、資源稀少的現象。有位十五歲女孩對我說過：「我每分每秒都感到自己的未來岌岌可危。」

父母望子成龍、望女成鳳的焦慮感，在「申請大學」這場大賽裡達到頂點。在許多父母眼中看來，擠進頂尖名校的競爭如此激烈，足以證明生活裡的「一切」美好事物皆相當稀少，而且未來只會愈來愈少。這些父母認定，要是孩子沒申請到正確無誤的那一所大學，以後便得不到重要職位、買不起完美的健康保險、養不起自己和家人。高中升學顧問發現，就連思慮最縝密的家長也會被這種恐懼干擾而影響判斷。許多家長認為孩子正常成長過程裡的起起落落在成績單上並不好看，他們鮮少能容忍孩子學習速度變慢，更別提成績變差了。這些家長就跟不讓女兒參加話劇社的父母一樣，打定主意要讓大學的招生委員會留下好印象，為此強行徵用了青少年的學業生涯及私人生活：

要是我不插手，他自己絕對沒辦法好好決定。他現在八年級，得開始念先修預備課程了，不然會來不及念先修課程。而成績單上要是沒有先修課程學分，他就得念州立大學，搞不好連州立大學的主校都進不了咧。不行，他不可以把參加模擬聯合國會議的時間挪去參加電影社，誰不曉得電影社就是「打混」的代名詞。我們得找人來幫他潤飾個人自述，其他人都這樣做，反正這本來就沒什麼公平可言。

遭受成績單炮火連番攻擊的青少年，以軍事作業般的精準度規畫塞得滿滿的時間表。他們比父母還晚回家、工作更久、更晚上床睡覺。當父母表現得彷彿孩子的未來（以及父母的親情）全憑考試成績好壞決定時，青少年就會霎時變成三十五歲，不僅過早開始苦惱煩憂，也遠遠疏離了他人。

這個世界的經濟狀況難以預料，局勢不斷改變，把孩子送進這樣子的世界裡實在太嚇人了。不過對父母而言一向如此。我們並不會自然而然便能做到信靠上帝（*bitachon*），正因如此，拉比總是不斷強調信靠上帝有多重要，這也就是所謂的「放手，讓上帝來」。我們害怕未來有如世界末日，然而這份恐懼只是透露出我們對現實有多麼沒把握，卻無法讓我們看清現實。矛盾之處在於，父母不該短視地埋頭努力讓青春期兒女上得了大學，而是必須用更多關愛去接納青少年成長時那令人頭暈目眩的起起伏伏。當父母這麼做的時候，便是為孩子提供了精神養分，讓他們得以發揮潛力，並懷著完好無缺的熱情及活力抵達成年人的應許之地。

你敢拒絕我？我也要拒絕你！

我在上一章敘述了教養孩子的必要之苦。教養孩子原非易事。沒多久前還在蹣跚學步，讓我們忍不住又摟又抱的小孩，此時卻踏入了青春期，開始努力離開我們，這份痛苦往往深得令大部分的父母為之愕然。

為了能夠忍受離開父母、建立自我認同的這段過程，青少年必須讓自己眼中的你變得較討人厭，才能更容易離開你。

就在青少年的未來似乎有賴於他們判斷得夠正確、言行舉止夠恰當時，他們卻變得粗魯無禮、忘恩負義。正如被心理治療師稱為「拒絕受助的抱怨者」的那些挫敗案主一樣，青少年也對你提供的建議置若罔聞。他們吐出字句或沉默不語，藉此侮辱你的選擇、你的觀點、你存在的本質。他們靈活地攻擊你最珍視的事物或最脆弱的一點——這房子裝潢成這樣子，你怎麼住得下去呀？這叫做晚餐喔？你覺得那些人還能算是朋友？你覺得這樣子玩一天叫做很好玩？他們貶低冰箱裡寒酸的食物、你牛仔褲的長度，或發表自己對於你那怪異的咬字發音有何見解。沒有人說「啥麼時候」、「啥麼事」。大家都嘛說「什麼時候」、「什麼事」，這樣子正常多了吧。你**啥麼**時候才搞得懂呀？他們掉頭離去，離開你花了那麼多錢、費了那麼多心血打造的溫暖的窩，組成他們自個兒的族群。他們在菜色、衣著、措辭、書籍及音樂等等方面形成自己的一套品味，刻意迥異於你的喜好。你覺得不好笑的事，他們卻覺得很有笑點。他們就像沒禮貌的房客一樣，跟同一國的人聚在一塊，用另一套語言說話，把你留在圈子外。父母之所以難以容忍青春期子女老是面露不悅、老是把父母明智的忠告拒於千里之外、老是死心塌地地跟著性情反覆無常的怪朋友，是因為父母把那些舉動視為排拒。那的確是排拒沒錯，而且令人心碎。

以信心克服恐懼

兒童心理學家常說教養青少年就像走鋼索一樣。偉大的哈西德派[19]教徒，拉比納赫曼（Nachman of Bratslav）[20]有句名言，用的是類似的比喻：「這個世界是一座窄橋，過橋時最要緊的是別害怕。」教養青少年這檔事很嚇人，而對付恐懼唯一的辦法是信靠上帝，以信心面對——既對孩子有信心，也對自己有信心。

我在猶太教義和青少年心理學裡都找到了指導原則，在我及其他父母的青春期子女走上窄橋，往成年期邁進時，那些原則幫助我們懷有信心。接納家中青少年並不代表你該縱容他們、放任他們或對他們要求寬鬆，而是代表你不僅明白自家青春期子女有什麼長處，也曉得他們有哪些短處、哪些怪癖，知道他們會在成長過程裡走兩步退一步。接納家中青少年，也代表尊重子女依著本能離開你，而即便是在他最莽撞、最桀驁不馴的時刻，你也能在他身上找到一些值得珍視的部分。

尊重青春期子女與生俱來的才能與限制

每個人都擁有獨一無二的特質，是呱呱落地時由上帝賜予的，這些特質包括天賦、優點，也包括短處。就拿我自己來說，我方向感奇差，分不清左、右手，寄信時要是沒先找

19 Hasidism，現代猶太教的一個分支，於十八世紀由巴爾・謝姆・托夫（Baal Shem Tov）所創立，認為上帝無所不在，人們自日常生活中的任何事都能體驗到神。

20 Rebbe Nachman，哈西德派創立者巴爾・謝姆・托夫之孫，主張信眾能直接與神對話，因於烏克蘭的布拉次拉夫小鎮定居、布道，而被稱為「Nachman of Bratslav」。

個已經貼著郵票的信封來看一下，就會弄不清楚到底該把郵票貼在哪一角。我走在大學校園時永遠搞不懂自己究竟身在哪個方位，就連從家裡開車到辦公室的半英里路上也可能迷路，而我的記憶力（立即回憶能力和面孔記憶力）落在第十個百分等級上。我的地理知識十分薄弱，原因便在於空間感及記憶力太差。然而在曲線的另一端，我的詞彙和閱讀理解能力都落在第九十九個百分等級。我能易如反掌地背住歌詞，我是滑雪高手，而且很多人都說我演講時很善於掌握時機運用幽默感。這全都集於一身——有長處，也有短處。孩子跟我們也沒什麼兩樣。

對孩子有信心，意即端詳上帝賜予他的特色，從良好到古怪的都囊括在內，並努力去珍愛那些特色。不過青春期子女不會讓你輕輕鬆鬆就過得了這一關的。儘管青少年擁有與生俱來的才能及性情，卻也無時無刻不在轉變。青少年需要試試看隸屬於不同族群是什麼感覺，不管是毒蟲、英英美代子、數學天才、威卡教徒（Wiccan）、後硬蕊龐克迷（Emo）、四肢發達的運動員都一樣。他們這個月還是純素食主義者，下個月就準備參加大胃王比賽了，呃——參加的是熱狗組。他們正在長成大人，不過他們以後再也不會像現在這麼粗魯、鄙俗、傻裡傻氣了。當孩子邁入成長的各個階段、當他們暫時熱中於種種愛好時，你該怎麼看待青春期兒女的真實本質呢？

我建議你，回首看看家中青少年的幼年及童年，想一想你是怎麼對他們爺爺奶奶形容那個寶寶、那個孩子的：他很執著、很有主見嗎？是慢郎中嗎？喜歡跟別人互動，還是更愛獨自一人？很逗趣嗎？精力充沛嗎？喜歡音樂嗎？貼心嗎？那些特質很可能仍然構成了你家青少年天賦的一部分。儘管我並不建議你把孩子放到瓶子裡，貼上「風趣的」或「聰明的」標籤，但了解有些特質是永遠不會變的，也不失為明智的做法。那些特質包括以下幾種，不過孩子可能擁有的特性遠遠不僅於此：

- 有沒有音樂才能
- 喜不喜歡藝術
- 是否天生具有運動細胞
- 交朋友及戀愛對象時有何偏好
- 愛閱讀還是興致缺缺
- 是急驚風還是慢郎中
- 愛好交際還是容易害羞
- 偏愛室內活動還是戶外活動
- 喜歡冒險還是小心為上

只要弄清楚家中青少年的性情，你便能跳脫文化對於成功的狹隘定義，發現孩子身上美好無比、獨一無二的特質。

讓孩子在自身的真實性情裡放鬆下來，並不意味你必須把保護、引領、鼓舞孩子的父母職責棄之於不顧。

舉例而言，你不會說：「充滿探險精神／愛好發明／出口成詩／心靈纖細如你，一定覺得被每天的生活瑣事纏住了。把學校作業拋到腦後，別管那些無聊的家事了，就搭下一班公車到郊外去實踐你的創造力吧！」你也不會說：「你學習的方式跟別人很不一樣，而且很敏感，再加上你有自己非常、非常特殊的需求，所以你可以不用像我們其他人一樣做這些事。」你反而會找出跟孩子變化無窮的新生自我相呼應的良機，在這些機會和他的責任之間保持平衡。

你那位很有想法、稍嫌跋扈的孩子要是討厭下西洋棋，就讓他退出西洋棋社吧，要是他醉心於舞台管理，就讓他擔任下次合唱團表演時的舞台監督吧。別整個週末都把此時正充滿了冒險精神的孩子關在家裡念書，讓他騎單車去登山或是去樹林裡打漆彈吧。

尊重孩子的性情，正是信靠上帝的表現。我們的孩子屬於上帝，而且是按照上帝的形像創造的，懷有信心也就是信賴上帝不會做出瑕疵品。這意味著相信孩子與生俱來的特性恰恰適合他們，還相信就算未來仍混沌不明，他們仍應付得來。

父母穩拿如意算盤，孩子卻可能另闢蹊徑

請注意，想要認同孩子與生俱來的性情，不只必須尊重他的天賦，你還得做好心理準備，因為孩子可能會把天賦發揮在別處，結果打亂了你精心盤算的計畫。

我第一次見到伊森時，他剛拿到成績單沒多久，上面有四科C、一科D。他在家常常跟爸媽激烈爭辯，在學校則默默忍受課業、拒交功課，上課時除非老師對他說話，否則從不發言。伊森的爸媽非常擔心，卻摸不著頭緒。伊森原本是個優異的學生，爸媽在他年紀很小時就發現他對科學特別有天分，於是小心翼翼地培養他的科學才能，鼓勵他去修社區裡優秀的公共學校體系所開設的每一門科學課程。國中時，他沒念書就輕而易舉地通過了化學和物理的先修預備課程。伊森父母開始想像兒子成為醫生。這孩子很有本錢，他們會確保他不恣意揮霍天分。

但是在諮商的過程中，伊森的感受漸漸浮現：他覺得自己被爸媽充滿雄心壯志的計畫壓得死死的。他原本想上教雕刻技術的一門藝術課程，但他母親說那門課跟物理先修課程衝堂，而他如果沒上到物理先修課程，要申請最棒的醫學營時，資歷就不夠完整了。他父親則說：「伊森，藝術課程你隨時都可以念，但要是沒修到科學基礎課程，念大學時就沒辦法修進階課程了。」伊森不想讓爸媽失望，便沒吭聲。但是他也什麼都不做。他採取了工會所謂的「惡意的順從」做法。他去上科學先修課程，也去上其餘每一堂課，但在課堂

上不參與活動，回家後也不做作業。

當伊森的父母終於意會到真正尊重兒子，意味著允許他在其他方面發揮天賦後，便自我約束了不少。他們暫時不再過問他成績的事。伊森問他們該修哪些科目時，他們說學校的升學顧問最了解課程內容，應該能給他中肯的建議。伊森的父母也刻意跟他聊些學業之外的話題，譬如蓋個新院子的計畫，或他們剛看過的一部電影。當伊森感到父母漸漸不再把焦點放在他的成績上時，便愈來愈有自信，也能夠自己做決定。那年夏天，他沒去參加一個非常出名的數學夏令營，反而報名了當地州立大學辦的舞台藝術工作坊。有天下課後，他驕傲地拿了幾張照片給母親看，那是他幫忙設計的橋樑，不但加上伸縮縫設計，橋兩端還分別安了一個巨大的蛇髮女妖頭像。「媽，妳看，」他說道：「這是科學和數學。可是這也很**神奇**。這超酷的。」

問題出在哪裡──他們身上，還是你身上？

用別具洞察力的眼光觀察家中青少年的本性，也能幫你不再把自己的問題跟青春期子女的問題混淆。有位名叫梅莉莎的女士來找我談她超重了七公斤的女兒莫莉。梅莉莎在青春期時體重過重，如今變成了我所謂「緊張兮兮」的苗條女人。她把許多光陰投擲在擔心飲食上，每天早上起床第一件事就是量體重，當天心情也隨著體重計上的數字起伏。莫莉的體重在她心裡引發了丟臉的感受（梅莉莎覺得女兒的外表把她私下努力控制體重的情況公諸於世了），而當她憶起自己在青春期有多麼苦惱時，也油然對女兒生起無限同情。梅莉莎當時是個害羞的女孩子，每天都從學校回家跟孤獨的母親吃午飯。梅莉莎想起被排擠、形單影隻的那些日子時，就會控管莫莉吃的東西，叨唸她該減重了。

可是後來我和梅莉莎卻發現莫莉的個性跟她南轅北轍。莫莉熱情洋溢，在學校頗受歡迎，也參與各種活動。體重並未讓她裹足不前。當梅莉莎明白了莫莉並未像自己當初那般忍受痛苦後，便不再叨唸她，也不再為了體重大驚小怪。梅莉莎發現女兒的性情與自己相去甚遠，於是便更能冷靜地看待這件事。莫莉不像許多同學一樣，被「想要快樂，就得抗拒生活裡的美味」這種想法左右，令梅莉莎感到相當慶幸。

等著不成熟的孩子出現眼前

接納青少年，不光是指接納他們天生的人格特質，也意味著接受他們仍在成長的事實。他們還沒完全熟透呢。從神經學和心理學的角度來看，他們還是小孩子，此時此刻就期待他們言行舉止像個年輕人一樣，實在說不過去。

這裡有個絕佳範例：盧克的母親裘蒂自從生了孩子後就再也沒獨自旅行過了，盧克十六歲時，裘蒂決定去巴黎拜訪友人兩個星期。她帶著一小盒精緻巧克力返家，巧克力上頭精美地雕著法國地標的圖案。在返程的飛機上，裘蒂想像盧克從盒子裡拿出一塊塊巧克力的美妙時刻，他會問：「這個地方妳去了嗎？那個地方妳去了嗎？那地方長什麼樣子？這要怎麼唸——**盧森堡**還是**盧森煲？**」

但是事情卻不若她預期。盧克沒問：「媽，妳玩得開不開心？」沒問：「妳帶了什麼給我？」也沒說：「巧克力耶！媽，妳真是太貼心了。哇，媽，我好想妳喔。」就連一聲「嗨」也沒有。裘蒂從巴黎回到家那一天，盧克放學後走進家門，問她：「我要去泰莎家，可以開妳的車嗎？」後來呢，他把巧克力吃個精光，卻不予置評。當裘蒂問起他為何既沒問候她，也沒謝謝她送禮物給他時，盧克說：「我忘記妳去巴黎了。而且我吃巧克力的時候根本沒注意到巧克力上面有圖案呀。」他說的是實話：他忘了裘蒂去巴黎，也完全沒注意到巧克力上有圖案。

裘蒂氣得要命。盧克這沒心沒肺的傢伙。她教出來的竟然是個品格這麼差的人嗎？他品格這麼糟糕，要怎麼像個大人一樣待人處事？老師是沒說過盧克在學校表現無禮啦，不過他平常對待父母或姊姊也沒特別有禮貌啊。他看起來也沒想念裘蒂——他老媽離開了整整兩個禮拜，結果他居然**好端端的**。

盧克沒出什麼問題。青少年外表也許像大人，但是內在卻還沒施工完畢。過去二十年來，神經學家發現大腦在青春期會徹底改變結構。十歲至青春期之間的大腦發育過程有個很美的科學名詞：「滋生」（exuberance）。在十四歲到十七歲這個階段，腦細胞會被大量製造，而在接下來的修剪期裡，大腦灰質會大幅減少，大腦運作起來會變得更有效率。不過大腦裡負責掌管理性、調節衝動和欲望的額葉區，要等到女孩子二十四、五歲，男孩子二十九歲時才會發育成熟。判斷、智慧，或是神經心理學家所謂的執行功能，正是位於大腦裡最晚發育的這塊區域。

盧克的神經連結還沒發育得足以讓他想到老媽旅行了這麼久，我要跟她問好才算是有禮貌，而且我本來就想跟她問好。若是以成年人的年紀來看，盧克的行為可能是符合病態定義的自戀現象或反社會人格的警訊，但以青少年的年齡來判斷，則顯然是神經尚未發育成熟的現象。我常對憂心忡忡的父母說：「要是你把家中青少年想成一顆在五歲和三十五歲之間跳來跳去的乒乓球，那麼他的行為就不足為奇了。」真心接納孩子的父母，會試著引導孩子趨向成熟，但是當孩子表現得不夠成熟時，這些父母不會驚惶失措，不會認為孩子的舉動是針對自己而來，也不會誤以為孩子的品格將會一輩子帶著瑕疵。

腦部斷層掃描及腦部研究結果都極具說服力，不過我們並非必須靠那些資訊才能得知青少年正在承受莎士比亞早就明白指出的「翻騰不安的腦海」（boiled brains）。他們喜怒無常、容易衝動、性喜冒險、做起事來雜亂無章，卻又自視甚高。我敢說，你對喝啤酒比賽、主題樂園裡的高速遊樂設施，或半夜關著車頭燈開快車都不感興趣，不過你還是青少年時，也做過你那個時代的傻事，而孩子同樣得去做他們這個時代的傻事。把寫好的作業放在房間地板上，拿濕毛巾蓋著，或是因為剪了一個不喜歡的新髮型而難過得傷心欲絕（那髮型在你看來根本就跟以前剪的一模一樣），也是同樣道理。要是你找他們來弄清楚那些怪異行徑究竟是怎麼回事，問他們「你到底在想什麼？」答案通常如此：

沒想什麼。

因為我覺得那樣子應該會很好玩。而且真的很好玩啊。

媽，不會怎麼樣啦。那毛巾底下還鋪了一件背心，作業不會濕掉啦。

我以為珍姨不會看到我的網頁留言板嘛。

髮型變成這樣，我沒辦法去學校上課了啦。這根本就不是我的樣子。

或是，以盧克的例子來說（這男孩愛母親，也尊重母親）——我沒特別跟妳打招呼，是因為我忘記妳去巴黎了呀。

在青少年的世界裡，恍神很正常。想像不出來自己的行為會導致什麼後果——很正常。熱中的事一變再變——很正常。覺得跟你在一起超級無聊——很正常。認為自己生錯了家庭不幸至極，（這個家這麼嚴格！這麼無聊！這麼平凡無奇！這麼沒有同情心！）悲慘得簡直足以驚天地、泣鬼神——很正常。你女兒層出不窮的戲劇化事件及刻不容緩的緊急需求——很正常。你兒子極度擔心即將來臨的大胃王比賽，害怕到時大吐特吐——很正常。你家孩子一臉不悅地提醒你，娜塔莉、娜塔莎、諾拉的爸媽全都比你更有同情心，也比你更酷——很正常。

我們得給孩子充分時間發育、成長。不幸的是，我們很容易反其道而行。請盡量記得，青少年還沒完全長大。他們也許要一直到二十五歲……或是三十七歲，才會長成完完整整的成年人。

為何執迷於申請大學？

你可以仔細觀察家中青少年的性情，也可以接納他在成長時的起起伏伏，但是除非你擺脫得了對申請大學這件事的狂熱，否則便很難讓孩子按照自己的方式及時間表成長、茁壯。你會執迷不悟，深信孩子在申請大學時，從他大約十二歲起所做的每一個決定都將無所遁形。

的確，這世界已變得與你我年輕時大不相同。國中課業沉重，讀高中愈來愈辛苦，而申請大學的過程也競爭得益發激烈。然而我們這一代身為父母的特殊挑戰，便是承認眼前現況，卻不去誇大事實。先從「只有進入《美國新聞》（*U.S. News*）公布的大學排名裡數一數二的學校就讀，才能真正成功」的迷思說起吧。葛雷格．伊斯特布魯克（Greg Easterbrook）在二〇〇四年於《大西洋月刊》（*The Atlantic*）上發表的專文〈何必上哈佛？〉（Who Needs Harvard?）引述了大學招生委員所說的話，那些委員認為美國有上百間大學提供了優質教育，教學品質跟伊斯特布魯克所謂的頂尖「魅力」學校不分軒輊。他也提及普林斯頓大學的亞蘭．克魯格（Alan Krueger）與美國安德魯．梅隆基金會的史黛西．博格．戴爾（Stacy Berg Dale）於一九九九年合作的一項研究，研究對象是被長春藤盟校錄取，卻因為學費補助方案較優、離家較近，或其他原因而選擇其他大學就讀的學生。這些學生畢業二十年後，賺的錢跟從長春藤盟校畢業的同期學生一樣多。

《大學不排名》（*College Unranked*）一書作者洛伊德．薩克（Lloyd Thacker）曾擔任過大學招生委員，他成立了「維護教育」非營利組織，以促使申請大學的過程恢復良態為宗旨。這個組織的訓言就是「我們共同奪走了高中生的高三生活」。薩克指出，對教育的成效影響最大的因素，並不是學生就讀哪一所大學，而是**學生本身**；若要預測成年後的生活是否成功，最可靠的判斷因素並非高中成績高低，亦非是否系出名門，而是心理學家丹尼爾．高曼（Daniel Goleman）所謂的ＥＱ——能夠同理他人、態度樂觀、可以靈活變通、具有充分幽默感、能夠與團隊合作、能以正面態度面對挫折。

「若是孩子擁有當麵包師傅的天分，就別逼他當醫師」。這句哈西德派格言引起了《孩子需要的九種福分》讀者廣大迴響。孩子高中畢業後所需要的，是適合他性情、需求及天賦的經歷。若是希望孩子發掘自身興趣，跟朋友形成彼此互相支持的關係，並張起船帆全力航向成熟，你就得接受孩子其實想當麵包師傅，而非很有生意手腕的商人；接受他想讀烹飪專校，不想上史丹佛。

別再評估，停止比較

我們的社會隨時隨地都在評估青少年：你不錯嗎？很不錯嗎？是最優秀的嗎？你排名第幾？我們是該選擇你呢，還是該拒絕你？你打算主修什麼？音樂。音樂和什麼？

就算孩子各方面皆十分傑出，還被夢想中的大學錄取了，在這種嚴苛的評量之下，他們的感受也會跟被接納全然相反。這種評估方式告訴他們，他們只不過是跟最後那次考試時的成績一樣好而已。我們不斷批評青少年，無形中傳遞的訊息便是我們也在不斷拿他們來評估、比較。

最能充分地對家中青少年表達接納的方式，有時是閉上嘴巴。請盡量別讓無止盡的建議汙染了你與孩子之間的對話內容：

嗯，B^+算是不錯了。不過我也告訴過你，在書上畫重點、把摘要寫下來可能會更好。

你知道嗎，每天做有氧運動二十分鐘，可以促進大腦功能喔。

你下週又有一個報告要交，這次最好早一點開始寫……喔對了，吃太多碳水化合物會愛睏。

相反的，你只要開開心心地肯定──「B^+耶，真棒！」就夠了。

有些家長會把批評偽裝成鼓勵，偷渡進對話裡，每次孩子一有什麼好表現，他們就趕緊提高標準，這就是我所謂的「參加校隊怎麼樣？」的親職學派人士。要是孩子善於傾聽，我們就鼓勵她加入學校的同儕支持團體；倘若她是交響樂團裡的第二把交椅，我們就建議她下學年以第一把交椅為目標；如果他在學校裡參加了排球社，那麼參加排球校隊怎麼樣？既然他在校隊二軍裡了，何不順勢往上爬？

想要不再評估孩子、比較孩子，徹底改變的最佳辦法或許就是在孩子高中二年級之前都別提大學這件事。要是忍不住想說，就咬緊牙關吧。在洛杉磯奧克伍德學校每年的高一家長會上，校長艾倫．史都德都會提醒家長兩件事：「今年完全別提大學，而且要記得，他們就算是已經把駕照拿到手，卻還不大會開車。」我同意他的看法。

珍惜平凡無奇，卻神聖無比的青春期子女

猶太宗教節日住棚節（*Sukkot*）是用來紀念以色列人離開埃及後漫長艱辛的路途。準備

慶典時，每個猶太家庭都會到後院或住家陽台上搭一個蘇克棚（*sukkah*）——類似以色列人當年在沙漠裡湊合著搭蓋起來的簡陋棚屋。在晚上舉行的儀式裡，人人都要拿一把用棕櫚葉、月桂葉、桃木葉綁成的雅緻葉束朝各方揮動，懷裡還摟著一顆凹凸不平、模樣逗趣，叫做香櫞（etrog）的厚皮黃色水果。

要是你想趁著住棚節好好上一堂心靈課程，請把香櫞想成是你家青少年。香櫞模樣古怪，而且所費不貲，但是過住棚節的喜悅之一，便在於你對這個節慶所展現的愛。在阿拉姆語裡，「etrog」一詞的意思正是「愉悅」。猶太家庭小心翼翼地選定合乎標準的香櫞，一個要價十美元至一千美元不等。（這話千真萬確。你可以去問任何一位拉比。）結帳後，你把香櫞用輕柔的棉片裹起來，放在簡單的白色紙箱裡帶回家。在這長達一週的節慶裡，一家人會在棚屋裡舉行儀式，唸出禱詞，為了當初得以離開埃及之奇蹟、為了家人共聚一堂，也為了節慶周而復始而感謝上帝。我最喜歡的時刻，就是全家大小一起打開收著香櫞的紙箱那個片刻。大夥兒都探頭往紙箱裡瞧，然後說：「哇，好漂亮喔！」把這句話說出口的時候，你內心正在抗拒著強烈的認知失調感受，因為你才剛花了四十美元買回來一個沒什麼用的東西，然而於此同時，你也真心喜愛這種宗教傳統，因為它把你們領到屋外，讓你們一同參與如此嚴肅而神聖的傻事。

每一顆香櫞看起來都平凡無奇，但每一顆香櫞也都被珍愛著，在這一週被賦予高高在上的重要地位——在世界上任何一個有猶太人慶祝節慶的地方，年復一年皆是如此。你用不著拿棕櫚葉對家中青少年揮舞，然而珍愛青春期子女，不只是愛他還是個幼兒的時期，也不只是愛他將來某一天會變成的模樣，而是愛此時此刻的他，愛他那古裡古怪的獨特光采——如此愛著他，非常重要。

你可以把這視為一種修行，試著漸漸習慣去欣賞青春期子女——不單是欣賞你很容易就愛他的那些部分，也要欣賞你不怎麼喜歡的部分。在他排拒你、與朋友形成小圈子、不成熟的種種態度裡，哪些言行舉止最讓你心煩？他喜歡的音樂或許是個不錯的起頭。還記得你在高中或大學時得讀令人望而卻步的經典名著嗎？讀了五十頁之後，你居然發現自己已進入書中世界，沉醉其中，還在字裡行間見著了和諧的律動與美妙之處。請把青春期子女聽的音樂當成學校的美國當代歌曲課程吧。請他為你小聲一點地播放那些歌曲，或是幫你下載歌詞，這樣你就可以一邊聽音樂一邊看歌詞。請找出那音樂裡隱含的情感、對社會現狀不滿的抗議、反諷意味、玩笑以及樂趣。（「亞夸巴人！」（Aquabats）——就連樂團的名字也很好玩呢。）你用不著假裝喜歡那些音樂。只要敞開心胸，帶著好奇心及尊重的態度聆聽即可。

至於家中青少年模仿同類的打扮方式呢？我敢保證，當你讀到這一段時，青少年的服飾風格又改朝換代了，不過以老是賴在我家附近的吉他中心那群「搖滾迷小子」來說，他們目前偏好打高層次的黑色直髮（而且要遮住一邊眼睛）、無指手套、白色皮帶、印了恐龍和機器人圖案的T恤，有些人甚至還穿了鼻環（你可能也看過——鼻環穿過鼻子底下，他們看起來就像小豬）。你身為父母，自有權利討厭孩子的流行品味，或是禁止他們做出毀傷身體髮膚的事，譬如穿環。但要記得，即便是長得最怪異的果實，上帝也要求我們去細細珍視。請對自己這麼說：

> 搖滾迷小子那樣子的青少年族群，自有一套嚴格的規矩和標準，卻也懂得混搭出色彩豐富又有獨創性的有趣風格（譬如無指手套和恐龍T恤），這還滿有意思的。在一生中，還有哪段日子能那樣做呢？

你也可以試著從不同角度看待青少年陰晴不定的心情（這種情緒變化真叫父母吃不消哪）。青少年常常情緒低落，是因為他們在乎的事太多了。理想主義可說是反映了青少年的思想。他們覺得忿忿不平，因為他們把權利和公義看得很重；他們為了某天臉上長了一顆青春痘或髮型很糟糕而歇斯底里，或是嚴格地要求精確完美的牛仔褲款式，這些事都意味著他們對於美感自有一套標準。他們被所屬的小團體拒絕、斷交、排擠時苦惱得無以復加，因為他們深深重視忠誠以及彼此之間的關係。他們看起來很懶散，因為他們覺得休息、放鬆很重要；他們對規定心生不滿，因為他們很看重自由；他們把音樂放得很大聲，因為他們**愛那些音樂愛得不得了**。

我並不建議你跟孩子一起跳進演唱會的搖滾區、光顧他添購衣服的服飾店，或隨著他的種種情緒起舞。要是你那樣子的話，就不像是個父母，反倒像個怪異的中年朋友。不過假若青少年遭逢令人痛苦的轉變之時，父母能從中見到美好之處，對青少年來說不啻為一大鼓勵。請你刻意找機會明確而誠心誠意地稱讚家中青少年，不光是為了他的潛力而讚賞，也為了此時此刻的他：

我喜歡妳綁辮子穿牛仔裝的樣子。

我知道你為什麼喜歡烏克麗麗琴（Ukulele）了。它彈出來的琴聲很快樂，每次我聽到你在彈琴，就忍不住微笑起來。

謝謝你帶菲利普一起去看電影。他說他看得很開心呢。

你弄得真棒。我完全不知道怎麼那樣子把歌燒成光碟耶。

要是你跟青少年一起生活時，能從日常經驗裡找出一丁點樂趣，日子就會過得更有意思。猶太人見到非常美麗或模樣逗趣的人、動物時，會說這句禱詞：「*baruch atah Anodai elohaynu melech ha-olam m'shaneh ha-briot*」，意思是「上帝，謝謝祢造出各式各樣的生物」。儘管那樣說的時候，我們並不見得總是帶著真心、打從心底信服，不過你還是可以把它想成一句咒號，當身為父母的你在學著接納、珍惜青春期子女正在轉變成的那種奇特生物時，這句咒號特別適合唸誦。

CH3

孩子態度差勁的父母有福了，因為你能學會如何對他們寬容

南西是單親媽媽，她告訴我她那位才藝超群的兒子賽歐的事。他現在高中三年級，是滑雪射擊雙項運動員，生物成績是全年級第一名，還拿過生態攝影獎……而在她眼中，他是個傲慢自大、脾氣乖戾的孩子：

他很沒禮貌。上個星期我特地早起幫他做早餐，巧克力碎片鬆餅耶。結果他盯著盤子說：「妳知道我不吃這種垃圾食物。」然後從櫥櫃裡拿了一條營養棒，一邊往門口走一邊把營養棒吃掉。連再見都沒說。

不過至少那天早上他有起床！他通常都會睡過頭。我給他買了兩個鬧鐘。一個是音爆鬧鐘，一響起來整棟屋子都會震。另一個鬧鐘有輪子，響的時候會滑開，這樣就得起床才能關鬧鐘。可是他就是不起床。妳說我能怎麼辦？讓他缺第一堂課嗎？我通常都得把他搖醒，然後他就會吼我「妳出去啦！」

他態度那麼糟糕時，我真的不知道說什麼才好。我以前**根本不可能**那樣對我父母。

曾經有那麼一個年代，長輩一進門，年輕人就會連忙起立，年輕人想都沒想過要對長輩直呼其名，還會自動自發到門口去接約會對象。我並不懷念那段時光。因為受社會認可的行為還包括：各式各樣的歧視言行、家裡出問題時卻只是粉飾太平、用威嚇來建立家中秩序，而子女必須完全順服父親這位全知的一家之主。

我見過的家長多半希望自己教養子女時能比父母當年來得體貼、有同情心。結果孩子不只與我們關係親密，能輕鬆地跟我們聊天、有話直說，還對我們粗魯無禮。當孩子踏進青春期，被天生本能驅使離開父母時，便會透過態度、行為、表情把我們推開。他們說「我恨你！」或「我才不管你怎麼想咧！」有時他們也侮辱我們。他們那些行為儘管惹人氣惱，但只要是處於合理範圍內，卻也是親子關係開放、自在的健康現象。擺脫對爸媽的依賴並不容易，但我們的孩子相信自己辦得到，而且不會因此失去父母的愛，這種情況讓今日的父母面臨兩難——我們要怎麼既尊重青少年有其離開父母的需求，同時也盡到教導青少年尊重他人的職責？

這的確是父母職責所在，而且這份責任崇高無比。猶太教誨裡的核心要點便是尊重他人。偉大的猶太拉比希列爾（Hillel）曾經被人問及：「如果要你在用一隻腳能立著的時間內教導所有的猶太教義，你會怎麼教？」希列爾回答：「待鄰如己。」猶太教義向來重言行甚於信仰，衡量品格的真正標準並非信仰，而是行為。正因如此，上帝給了我們六一三條誡律，這些律法涵蓋了日常生活的各種層面，其中特別著重對彼此寬容體貼。舉些例子來說，我們必須按照自己的方式仁慈地對待別人；不可遲發薪水給員工；牛在穀堆裡踹穀的時候，不可籠住牠的嘴，應任憑牠享受身邊的穀物；農夫必須在田地裡留下一小塊莊稼不收割，好分予窮人。猶太教義告訴我們，是否體貼他人與是否天天禱告同等重要。我們是自身言行的產物，而我們的行為多半由一些小的動作形成，而非大的舉止。

律法書訓誨我們，父母是上帝神聖的職權行使人，這意味著父母有責任把尊重和體貼視為家庭使命的主要重點。當父母敏銳觀察家中青少年如何對待他人，並且以智慧處理相關議題時，必須跟面對孩子的課業或健康情況時同樣費心費力。最理想的情況是，父母會教導孩子如何體貼他人，卻不至於損害自身權益，也會教導孩子待人要直率坦然，但不令人生厭。

具有同理心的父母要怎麼教導孩子尊重他人呢？若要成功教導孩子何謂尊重，你可能必須擁有無比的耐心及肚量，還得沉著以對，簡直達到非常人所能及的境界。你得讓青春期子女做他們該做的「離開父母」的功課，同時對他們正睜大了雙眼觀察你的一舉一動心知肚明。他們觀察你是如何對你十分看重的「尊重」一事訂定標準的；他們發現當自己的標準無可避免地變來變去時，你是怎麼體貼並態度堅定地回應的；也發現了你是怎麼寬容對待他們，就算他們並不值得你如此對待也始終如一。他們藉由觀察你而學到的，將比你想像得到的更多。

多粗魯算是太粗魯？

當你對家中青少年的期望不適當或模稜兩可的時候，他們很可能會用極糟的粗魯態度回應你，包括侮辱你、罵髒話、甩門等等。當你過於嚴厲，沒留餘地讓還無法好好掌控情緒的青少年喘口氣時，就會引起反效果。如果你希望青春期子女**永遠**不會對你翻白眼，或是在學校過了很慘的一天後，回家時仍然神采奕奕的，你就會發現自己一直在批評、嘮叨個不停，而家中青少年不是叛逆、不聽話，躲你躲得遠遠，就是往後一切所作所為都背著你來。

然而模稜兩可的期望也好不了多少。請記得，青少年指望你態度堅決。要是他們感覺到你並不清楚自己想要什麼，就會覺得缺乏安全感，他們會逼你逼得更緊，更常侮辱你，態度更傲慢，製造更多狀似毫無意義的紛爭。父母體貼、冷靜，而且態度明確時，才能讓青少年感到安心。為了讓你保持思路清晰，我建議你開始為家裡的禮貌守則設下合理的最低標準，這項任務得從觀察你家風格和你家青少年的性情開始。

沒有什麼行為清單是放諸任何家庭、放諸任何青少年皆準的。有些家庭就跟所謂的「嘶吼硬蕊」（scream-o）青少年流行音樂一樣，樂團主唱會在電音背景裡用狂野奔放的沙啞嗓音高聲嘶吼。（聽聽看「我燒了我朋友們」〔I Set My Friends on Fire〕這個樂團吧。）要是這種音樂沒馬上把你嚇跑，那麼你就會開始覺得這音樂雖怪異卻迷人，就像運動比賽開始前亂糟糟的加油大會。「嘶吼硬蕊」的家庭精力充沛、中氣十足，總是用叫囂來解決歧見；這兒看起來人人粗暴魯莽，但底下其實隱藏了悅耳旋律、愛意以及深深的牽掛。在某些家庭裡，則是任誰都不會提高音量，就連從樓下大聲叫家人吃晚餐也是不被接受的行徑。有些家庭的成員尋彼此開心或是半開玩笑地爭辯時，總是你來我往地罵來罵去。在某些家庭裡大家總是互相推擠扭打，也有些家庭總是安安靜靜、和和氣氣的。這世界上沒有適用於所有家庭的秩序或禮儀準則。

當你家孩子踏入青春期時，原有的家庭風格便可能必須大幅調整。如今，「大聲公」家庭裡會有某個人縮回自己的殼裡（他沉默不語，只用一個字答話算是態度粗魯嗎？）穩重有禮的家庭裡會有某個人尖聲嘶吼（他喧鬧不休，製造一堆噪音算是態度粗魯嗎？）爭強好勝的家庭裡會有某個人變得異常敏感（他那麼容易生氣，算是愛挑剔別人，又只顧自己嗎？）愛推來擠去的家庭裡會有某個人變得很討厭肢體碰觸（他這樣算是冷漠、拒他人於千里之外嗎？）當家裡某個人轉變時，想判斷什麼樣的情況算合情合理，著實不易。

你可能會發現，往別處去觀察、看看自己對於其他家庭裡出現的情況有何反應，會更容易找出適合自家的標準。在公共場所的時候，請仔細瞧瞧青少年跟朋友在一起以及跟爸媽在一起時的模樣。你認為哪些行為算是成熟？是在成年禮上邀請孤僻的堂弟一同跳舞的青少年嗎？是放慢腳步，陪著身體孱弱的爺爺奶奶慢慢走的青少女嗎？是離開你家時，與你握手道別，說「謝謝你招待」的青少年嗎？舉目所見，又有什麼最令你感到心煩？是在公共場所對父母頂嘴的青少年嗎？是被介紹給某位大人時，繼續吃東西，或繼續大嚼特嚼嘴裡食物的青少年嗎？是第二天還要上課，卻晚上九點多還在車庫裡練鼓的青少年嗎？把這些想法帶回家，跟你家庭的特質、你家青少年的性情互相比較。你還得做好必須時時調整清單內容的心理準備，因為青春期子女雖然可能會趨向成熟，卻也很可能暫時退化。

我家女兒進入青春期時，我在腦海裡擬了一份對我來說行徑太過分的言行清單。不過你一定要明白，你的清單可能，也應該與我的清單不同。

要是你家青少年這麼做，你可能會覺得他態度很粗魯：

- 用髒話罵你或其他家人
- 在其他人面前侮辱你
- 其他人問他問題時，不予回應
- 晚上超過規定時間還沒回家（這種行為會引起別人擔心）
- 常常用力甩門
- 把東西弄壞後，沒道歉，也沒修理或換新
- 不願意與父母友人寒暄
- 未經同意，就拿你的東西去用
- 未經同意，就進去兄弟姊妹的房間
- 在車上沒問過你就換了正在播放的廣播頻道

以下是另一份行為清單，這些行徑也算粗魯，但我選擇忽視，免得老是跟女兒吵個不

停。你可以無視於這些行為：

- 面有慍色或生悶氣
- 對家事、學校作業、該做的事情抱怨連連
- 翻白眼
- 不情願地嘟噥
- 偶爾沒打招呼（「媽，早」或「爸，拜拜」）
- 常常無傷大雅地揶揄兄弟姊妹，或跟兄弟姊妹爭辯、吵架
- 有時大力甩門
- 在父母面前罵髒話，但並非針對父母
- 偶爾情有可原地超過規定時間半小時回家
- 粗心大意地使用你買給他們的東西（那些東西已經是他們的了，不過你也用不著再繼續買給他們）
- 跟朋友在一起時說話口氣粗魯，或跟朋友討論褻瀆宗教的事情
- 為了沒道理的緣由對你發飆
- 朋友來訪時，對你使眼色，要你快點走開

寫這種行為清單有什麼用？——這份清單能幫你弄清楚自身立場，免得你一再事後納悶自己是否對青春期子女要求得太多或太少。明確地界定標準，也能避免其他人的意見把你搞得腦袋一團亂，當你家青少年無可避免地抱怨你太嚴苛的時候：

媽，我認識的每一個人都常常對爸媽說去死啦。

你就比較不會退讓，過沒多久後又覺得後悔。

當你父母抱怨你對孩子太寬容時：

你知不知道你這樣子會把他們給寵壞了？

你也比較不會不由得困惑地回頭審視自己做過的每一個教養決定。有了這份清單，你就可以更自信滿滿地採取行動，請按照你自己的情形編寫、修改清單。

當你判定孩子的粗魯行徑不被允許時，並沒有什麼最好的處理辦法可言，該怎麼解決端視事由而定。而要明白粗魯態度背後的成因，就得深入了解你家那位捉摸不定、令人難堪的青少年內心深處。

為什麼可愛孩子非得變成粗魯青少年不可

你那討人歡心的五歲孩子，那打算長大後要跟你結婚，還說些「妳是世界上最好、最漂漂的媽咪」這些話的孩子出了什麼事？有誰半夜把他帶走了嗎？這個新的孩子，這個偷換兒，他不但態度冷漠，講起話來還傷人至深。他說：「妳顯然一點也不了解我……也什麼事情都搞不懂！」或「我再也受不了住在這個家裡了！」然而這些言行舉止並非針對你。他的粗魯行徑不只是為了用那種欠缺技巧、手段粗糙的方式離開父母，也是在幾種情形之下出現的正常發展狀況，甚至可被視為對成長做出的本能反應。

世界繞著我轉動

「去自我中心」（Decentering）是心理學家皮亞傑（Jean Piaget）在形容「採取他人觀點的能力」時所使用的詞彙，根據自然的成長階段，這種能力大約在六、七歲時出現，並在十二歲左右大幅發展。不過青少年感受到壓力、疲倦或焦慮時，思慮會變得比較不成熟。遇到令人惱怒的情況時，青少年首先喪失的各種主要認知能力當中便包括了去自我中心的能力。當青少年這麼說的時候：

拜託妳不要志願當學校遠足的陪伴家長——要是妳要綁那種馬尾的話就千萬別去。

我才不要吃。這看起來跟狗食一樣。
不要看我。不要跟我說話。

他們並沒有去自我中心。他們並沒有想到自己的言行會對你造成什麼影響（你對自己的髮型、廚藝、父母價值的不安感受），而是在告訴你關於他們自己的事（他們多麼容易覺得丟臉，他們那十分講究，而且變化迅速的青少年口味是什麼樣子，他們當下的心情有多麼低落）。根據他們的成熟程度以及無禮的嚴重程度，你可能會決定就此算了，也可能會決定以溫和的語氣讓他們知道自己已經超過了文明社會所設下的界線：「梅根，妳那樣說太刻薄了」或是「不可以那樣對我說話喔」。歷經許多歲月，已被證明十分有效的「我」陳述句也很實用：「你說晚餐像狗食，我有點生氣，因為我花了很多工夫準備這頓飯，只是希望你喜歡吃。」「你批評我外表的時候，我很驚訝，也很受傷。」然後隨即轉到別的話題，或是馬上走去別的房間。

用粗魯態度紓解壓力

青少年也會用粗魯的言行舉止來紓解緊繃情緒。你是否還記得，孩子當初是怎麼離開家門、走去幼稚園，怎麼遵守所有的規定，怎麼在圈子時間乖乖地跟小朋友坐成一圈，怎麼小聲講話，怎麼把便當盒收在櫃子裡，怎麼舉手發言，怎麼一整天都毫不懈怠——結果等到你去接他們回家時，他們已經累癱了？進入了第二個學步期的青少年也一樣。他們被要求要恭敬有禮地對待那個很討厭、無聊透頂的老師，還有那個因為他們跑不完規定的圈數而吼他們的體育老師。要是他們這時才剛進國中或高中，就又會變成一隻喵喵小花貓了。青少年就像不能對老闆發脾氣的挫敗職員一樣，只能回家踢狗——也就是你這個安全目標，因為他們知道你愛他們，也相信你不會報復他們。四歲孩子鬧脾氣時發出的尖叫聲和十四歲青少年脫口而出的辱罵聲，其間差別在於一種傷你聽覺，另一種傷你心。有些日子你得使出身為父母所擁有的每一分意志力，才能忍著不罵回去。

要是你想讓他們覺得你能穩穩地控制情緒，就不能罵回去。要是你家青少女對你大吼「閉嘴啦！」然後衝進房間鎖上房門，你可能會很想大步走過去，一邊用力敲門一邊大喊：「這位小姐，不准妳那樣對我說話！」

遇上青春期子女挑釁時，你若是衝動回應便會權威掃地。請反其道而行，冷靜以待。要是你家青少年粗魯的態度正好踩著了你的痛處，譬如令你想起被大人頤指氣使或威脅恫嚇的童年時光，就先暫停片刻。請吸幾口瑜珈課教的那種深呼吸，讓腦袋清醒一下吧。試試看這樣說：「你用那樣子的口氣說話的時候，我們很難好好談話。我們重新來過吧。」就算你家青少年氣呼呼地走掉，你也已經設下了彼此溝通時的基本規範。而且當青少年的言行惹人發火時，你大可以離開現場。視當時的情況如何，或許你稍後會去找孩子，對他說：「你下午回來的時候，好像壓力很大。今天在學校怎麼了嗎？」他們也許不會很認真地回答你，不過至少你已經清楚表明，你這位父親／母親願意聆聽他們粗魯態度背後的真正緣由。

態度粗魯也是一種手段

你可以愛吃什麼就吃什麼、愛買什麼就買什麼、愛怎麼生活就怎麼生活、愛做什麼就做什麼，而青少年儘管擁有許多特殊待遇，可選擇的卻不多。他們被禁錮起來，住在這屋子裡、被限制在這城市裡、與雙親生活在一個屋簷下，但這一切全非他們所能選擇的。由於青少年對於時間的感受與我們截然不同，因此會覺得未來還得如此受父母掌控很久很久，而對他們來說，考驗自身能力最簡單的方法，除了透過父母認可的方式感到自己能夠有所作為之外（在學校表現良好，在球場上表現良好，當上學生幹部），就是惡作劇、搗蛋，或是反抗、挑釁了。當你家青少女說要去奧莉維亞家過夜，結果卻去了傑克家的時候，其實是抄了通往自由的捷徑。要是被逮著了，他們認為最好的反擊方式就是叫囂、說些尖酸嘲諷的話，或是把矛頭指向你。

由於他們平時會仔細端詳你，於是此刻便非常清楚如何靈巧地攻擊你的要害。他們說出口的話能把你惹惱。就以下面這三個例子來說好了，這些例子都是由青少女的父母轉述給我聽的，她們年僅十四歲，詭辯的技巧卻一個比一個高明：

女兒：媽，我今天晚上要去夏綠蒂家過夜。
母親：可是妳明天一大早就要比賽，今天晚上要睡好一點。
女兒：我去夏綠蒂家會比在家睡得更好。我恨妳。妳當媽媽當得有夠糟。爸，你不讓我跟朋友去逛購物中心，是因為大家都知道你高中的時候正妹都對你沒興趣。但這不代表你就應該把我關禁閉。媽，妳那麼嚴格、訂奇怪的規矩，是因為妳自己就有一堆問題。（誇張的停頓）我們認識的每一個人都知道妳問題一堆。（又一次誇張的停頓）而且他們一直都在討論這件事。

（請注意其中兩位青少年是怎麼用「大家都知道」這種說詞的。其實大家都不知道，那只是一種手段，要惹得你心緒不定、逼你信念動搖，好讓他們如願以償。）

要是你家青少年用粗魯態度來攻擊你訂下的規矩，而你反應激烈，那麼情況就會變成你似乎已經拔劍準備決鬥，還激他們也拔出劍來：

去呀，去睡夏綠蒂家呀，妳乾脆以後就住她家好了。是妳自己想進球隊的耶。好呀，妳就不要去參加比賽，這樣也省得我一早開車載妳去學校，我愛睡到幾點就睡到幾點。

當你升高戰火時，誰會贏得這場戰爭？他們贏，因為他們成功地把你從真正的重點引開（也就是你訂下或想要落實的規矩）。要是你對他們的攻擊視而不見，把注意力集中在「照規矩來」這件事上，就更可能達到目標。

當你回應的時候，請這樣子開始或結束，或是就只說這麼一句話：

但是……

雖然……

你說的不是重點。

我已經決定了。

我考慮過這件事了，我決定「不行」。

我已經說過了，不行。

這件事我不打算改變決定。

我不打算讓你看那部電影……不打算讓你在同學家過夜……不打算讓你在房間裡放電腦。

（請留意，你所強調的，是你是否打算讓孩子做某件事，而不是他要不要去做，如此一來便可避免引起爭論。）

對青少年的侮辱置若罔聞，似乎不夠負責任，甚至可能很危險，不過這種做法的確能奏效，只要你經常使用這種方法，你家青少年就會明白不管他再怎麼粗魯，也一樣拿你訂定的規矩沒轍。要是你在管教青春期子女時，能徹底實行訂下的規矩，不藉由爭論來達成共識，也不落入一來一往的脣槍舌戰之中，就會得到額外的好處：你正在親身示範，讓他們與朋友相處時也能如法炮製。舉例而言，你家青少年可能會說：「我不要再待在這場派對裡了，我要打電話叫我爸來接我——不要，我不要再繼續解釋我為什麼不留下來了。」

青少年情緒激動時，其實不知如何是好

青少年就連態度並不粗魯的時候，情緒也依然強烈，然而他們卻又欠缺經驗，不懂得如何掌控那些前所未有的感受。小孩子覺得難堪的時候，會非常、非常生氣，或是覺得丟臉，然而青少年卻是在探索更為混亂的嶄新情緒。他們體驗到陌生的複雜情緒狀態，諸如悲傷、喜悅、挫敗、焦慮不安，而既然你跟他們住在一起，他們便拿你來練習應付那些情緒。有些家長聽到我以下這番話的時候，會大感震驚：「青少年有權利以自己的方式去感受自身的深層情緒，你用不著急著驅散那些情緒。他們的情緒是他們的，跟你無關。當你遇到親子彼此之間的分離階段時，這一點能讓你稍感寬慰：你用不著去感受家中青少年的

情緒。」

最理想的情況是這樣子的：青春期子女心情不好的時候來找你，發現你會體貼她的感受，但不會為她擔心得要命，然後他們可以再度走開——就算是去找個地方任自己耽溺在悲慘之中片刻也沒關係。你的態度會讓她明白，無論她的感受有多麼狂亂、多麼失控，你都會穩若泰山。這種情形就跟小孩在公園裡玩耍時，你會回應的方式同樣道理：他們跑過來，碰一碰你，然後又跑開，因為知道爸媽仍在原處而覺得安心。要是你家青少女心情不好時來找你，你卻因為她情緒低落而跟著感到沮喪，或是開始剖析她為何心情不好、想解決她的煩惱，或是顯得不耐煩，那麼你就再也不是她的堅固堡壘了。她以後帶著煩惱來找你時，再也不會覺得那麼安全無虞了。

青春期子女沒禮貌、態度粗魯時，父母那般驚慌失措，其中一個常被忽略的原因是，青少年的言行舉止出自於一個那麼高、那麼壯或嘴巴那麼厲害的善惡綜合體。父母很容易忘記他們還不算是成年人。當他們年紀小，說「笨媽咪，我討厭妳！我想用很多很多石頭丟妳」的時候，童言童語聽起來很可愛，因為那是從一個可愛綜合體的嘴裡說出來的。當他們長大了，說「妳這個人真可悲、真沒用」的時候，我們就很難笑得出來了。如果是某位成年人對我們那樣說，我們會覺得更害怕、更生氣。有個辦法能幫你容忍青少年的粗魯態度：在腦海裡把他們縮小。請想像一下他們五歲大，手臂上套著游泳臂圈，或是身上穿著亮晶晶的芭蕾舞裙、萬聖節超人服的模樣。當他們被情緒或挫折感淹沒時，心理層次的成熟度比較像那個五歲小孩，而非閱歷豐富的成年人，他們仍需要你表現得沉穩可靠，好學會怎麼讓自己冷靜下來。

為什麼他們對每個人都那麼友善——除了對我之外？

當父母來找我評估青春期子女是否需要接受測驗、治療，或任何一種心理專業的協助時，我會詢問老師對於他們家孩子有何評語、他有沒有什麼朋友。家長往往會面露微笑，點著頭說：「老師都很喜歡他，他朋友不少，也都是好孩子，可是他就很糟糕了。我真不懂他們怎麼受得了他。」

我懂。他跟朋友在一起時，表現合宜、體貼細心，還會用他們青少年的方式打諢說笑。「喂，王八蛋，今天好點沒？上地理課沒有你坐在旁邊，真是爛透了。」他可能也總是對老師或教練彬彬有禮。你看過蝌蚪長成青蛙嗎？牠們會在最後一個階段長出蛙腳，但尾巴卻還沒消失。牠們能坐在石頭上呼吸空氣，但也得讓那小小的蝌蚪尾巴留在水裡。你就是水。當你家孩子用通情達理的態度跟其他大人互動，在家裡卻冷漠、大呼小叫、暴躁易怒、要求一堆又不懂得心存感激（尤其是對老媽），或許會教人傷心不已，然而這種情況卻也意味著青春期正在正常運轉。不過要是你聽聞孩子對其他大人無禮，或是他那些好朋友都不再跟他往來，那麼就該尋求外界協助了。擅長幫青少年與家人一同解決問題的諮商員或治療師，可以幫助你和孩子發掘出他那些對自己有害無益的行為背後原因何在。

拿捏得宜的教養策略

某天你家青少年的荷爾蒙分泌會穩定下來，大腦也會發育成熟。當他終於得到更多自由、更多權利時，他會覺得不再那麼挫敗無助。隨著歲月流逝，他終將開始了解你也有自己的感受、需求，終將去自我中心。還記得賽歐嗎？我確信有一天他會走進廚房，親一下南西，然後說些「記不記得以前妳常常做巧克力碎片鬆餅給我吃？我超愛吃的。我們要不要來做一點，重溫一下舊時光？」之類的話（雖然那天可能是**很久很久以後**。）就像我認識的一位奶奶說的：「某一天，你家孩子會從房間裡冒出來，走下樓梯，赫然發現爸媽怎麼變得這麼通情達理，結果大吃一驚。」

你絕對得避免由於擔心青春期子女的粗魯態度會是一種永不改變的品格瑕疵，因而迷失了方向。一旦你迷失了方向，就無法氣定神閒地保持寬容、冷靜的心。你可以利用這個機會思考一下信靠上帝對你而言意義何在。當父母私下表示「上帝」這個詞會令自己感到不自在的時候，我有時會建議他們用「現實」一詞代替：我相信現實。我信任現實。我榮耀現實。我的孩子是按照現實的形象創造出來的。幼兒學爬行、學走路，是自然成長的現實情形。青少年終將學會與外在世界和平相處，不再只顧著當下的欲望，也同樣是自然成長的現實情形。

不過，儘管你得對歲月流逝與成熟的永恆力量保有信心，卻也不能**單單仰賴這兩者**。你還得給青少年回饋，他們才會懂得良好行為的界線在哪兒。你是否還記得家中青少年仍是學步兒的那段時光，他坐在高高的幼兒椅上，把鴨嘴杯一次又一次往地上丟，饒富興致地聽著鴨嘴杯掉到地上發出的匡啷匡啷聲？當時你的小寶寶正在研究速度和物理學的特性。如今你家青少年在研究的是比較倫理學。他正在把這整個系統拆開來東擺西弄的，好搞清楚什麼是團體公約、什麼是互相尊重。你家青少年需要你來幫他了解什麼是社會秩序，來對他解釋：「要是你違反了**這條**規定，會惹來天大的嚴重後果。而**那條**規定呢，比較有通融的餘地，不過你也不能無限上綱就是了。」要是你任由狀況失控，你家青少年可能會變得過分粗魯而難以被文明社會接納，甚至感受不到你單純的一番好意。

當健康的粗魯態度變成了蔑視

當父母想要避免跟脾氣乖戾的孩子起衝突的時候，最常做的第一件事往往就是批評自己。我不禁又想到南西，她最後也像對賽歐生氣一樣，對自己感到氣惱。「面對他，我很容易就暴躁起來，」她告訴我。「我一直叨唸他態度要好一點，我大呼小叫的，把家裡的氣氛搞得很不愉快。為什麼我沒辦法放輕鬆？」

「以這種情況來看，我並不怎麼擔心賽歐，」我說道。「我比較在乎的是，妳這樣子開始一天的生活，感覺實在太糟了。這樣子會讓妳很不開心。」南西表現得一點兒也不像一家之主，反倒比較像哈利波特小說裡的家庭小精靈多比。她抱怨、噘嘴，有時還會大發脾氣，但她並沒有維護自身權威、沒有為兒子的晨間責任及平時對待她的態度訂下明確規範。賽歐感覺得到她懷疑自己的能力，於是利用這一點佔了上風。「他是個稱心如意的挫敗青少年，」我告訴南西：「而妳則是個備感挫折的滿足母親。」

沒錯，身為青少年的父母，對於你在生命中的其他任何情境裡都不可能會接受的行為，如今都得忍氣吞聲。我要求過你，要冷靜沉著地面對你家青少年的粗魯態度，不過這也有其限度。你家不該變成天天都惹出不愉快事件，或父母被辱罵的所在。當父母由於經受家中青少年持續不斷的言語抨擊而疲憊不堪的時候，我常會對他們說：「你辛苦工作，你繳水電瓦斯費，你開車載孩子去參加各種活動，你幫他們掛號看醫生，你去市場買菜，你深思熟慮後給他們忠告，但是換來的卻是微乎其微的感謝。你做了那麼多事，你家應該多多少少算是個平靜的避風港，讓你工作了一整天後可以放鬆下來。」

當父母由於孩子始終態度粗魯而深感挫敗時，我會告訴他們家庭和諧的觀念。根據猶太教誨，你有責任維持家庭和諧，也有權利享受家庭和諧。這事關你是否感到舒適，也事關你的尊嚴。若是家裡某位青少年老是甩上房門、大呼小叫、破壞平靜，或是家人叫他吃晚餐時回答「我跟你說過別吵我」以對，那麼這個家就不算是個避風港了。

你可以利用自己編出來的清單判斷家中青少年是遇到了成長過程中的正常粗魯態度，還是他既麻木不仁又不懂得尊重別人，以致於家庭和諧難若登天。如果你列在粗魯王清單上的行徑經常出現，那麼你就有得忙了。

請用這份清單設下家人之間彼此尊重的標準，並設下特定的基本守則。你一次頂多只能期待青少年遵守一、兩條規定，所以請想一想，你最困擾的是什麼。是粗魯的態度本身嗎？還是顯然會惹得彼此都生氣、不高興的情況，譬如賽歐不願意準時起床上課？既然青少年有權利感受強烈的負面情緒，那麼請你把焦點放在他們的行為，而非他們的態度：

你從學校回到家時，我希望你打聲招呼，讓我知道你回來了。

早上七點起床是你分內的事。

我們不介意你偶爾罵髒話，但是你不可以罵我們。

別企圖在衝突正劇烈時訂下新規矩。請耐心等待，等到雙方都覺得**比較**不疲倦、比較有精神、心情也比較輕鬆的時候再談這件事。（你可能會納悶，家裡哪有這種時候呀？請把這句話裡的重點放在「比較」上面。）倘若孩子同時面對父親、母親的時候會心生防備，或是變得較畏避退縮，那麼就一對一地與他討論家規。一旦你說清楚了他哪些行為會困擾你、原因何在，就一塊兒動動腦，找出解決方法吧。如果孩子想出了辦法，而且躍躍欲試，那麼就算那辦法聽起來匪夷所思，也請放手讓他一試：

如果你在門把上貼張標籤，我回家關門看到的時候就會想起來要跟你打招呼了。

那辦法也可能令人蹙眉：

我只要把外出服穿好再上床睡覺，早上就可以準時出門上課了。

或是很傻裡傻氣：

我可以七點十五分自己起床，因為惠妮每天那個時候都會打手機給我。

或者很可能會製造出新的問題來：

要是我沒準時出門，你就不用載我去學校了。我可以走路去，讓學校記我遲到。

運用這些辦法很可能成效斐然，只因為是你孩子自個兒想出來的。而且這麼做將會從一開始就創造出讓家中青少年「買你的帳」的效果。要是你們想出了很多方法，就一起討論每一種方法的利弊得失，然後讓你家青少年自行從中選擇。（你有否決權，可以用來反對絕對無法接受的提議，但是請你有限度地使用這份權利。）接著再決定要如何評估成效，以及當孩子持續達成目標時，會出現哪些令他們樂陶陶的改變（這一點很重要）。在《孩子需要的九種福分》裡，我談過如何運用「要是……，那麼……」這種表達方式來鼓勵小孩子配合大人的要求，這種方法同樣適用於青少年：「要是你能一直記得（準時起床，把喝完的杯子從房間拿到廚房，放在洗碗槽裡，如果某天要臨時改變當天原本的行程，就打電話跟我們說一聲），那麼我們會很樂意（考慮允許你晚上晚一點回家，給你多一點零用錢，讓你開車跟朋友去海邊）。你做得到的話，就是證明自己有擔當。」

如果孩子沒能做到父母的要求，什麼樣的後果比較適當呢？這依家庭而不同，但奠基於相同的基本原則：清楚劃分權利與特權之間的界線。青少年跟小孩子一樣，有權利以被尊重的方式對待、有健康食物可吃、有遮風擋雨處可住、有舒適實用的衣服可穿，可以定期檢查身體和牙齒，還應該接受良好教育。除此之外的其他事情都是特權，除非孩子達到了特定的行為標準，否則你可以拒絕給予特權。一旦你們雙方都同意了如何評估他們是否做到了良好行為、又有何獎勵後，請你遵守己方的協議內容。只要你家青少年贏得了某種獎勵，就馬上犒賞他，別發牢騷，也不可以更改評估標準。要是你家青少年的行徑造成了某種後果，請你一定要說到做到。當你為了這個家而落實彼此尊重的基本原則時，請謹記在心：言行比信仰來得重要。你無法要求青少年覺得尊重你，就連他們愛不愛你也是無法強求的，你只能要求他們合理地做出尊重你的行為。他們得在家裡練習尊重，因為他們需要**練習**。

請注意：遵守規矩，並確實執行後果，這方法彷彿帶來無限光明，令人聽了精神為之一振，不過在現實生活裡實行的結果卻往往會鬧得雞飛狗跳。本來就應該如此。你家孩子是這輩子第一次變成十二歲、十五歲或十七歲，而你也是這輩子第一次成為青少年的父母。你們都會漸入佳境的。我們來想像看看，南西會怎麼試著落實新家規吧：

南西告訴賽歐，關於早上起床、出門上課那些例行事情，他得更負責任一點，並問他有何建議。她對他解釋，要是她得先載他去學校，然後準時進辦公室，就必須八點整出門，晚一分鐘都不行。他說：「好，我會七點半起床。」

「要是七點半你沒起床呢？」南西問道。

「如果我睡過頭，妳就不要載我去學校。我搭公車去，遲到就算了。」

從許多角度來看，這項提議都惹惱了南西，包括沒吃早餐，以及可想見的一次又一次遲到，不過她決定什麼也別提。她只說：「好，但是你每遲到一次，那個週末你打算出去玩的晚上就得待在家裡。」

起初這個辦法沒用，因為雙方都沒堅守原本的約定。翌日是星期三，早上七點四十分時，南西躡手躡腳走到賽歐房門外，敲了敲門。「親愛的，我只是想確定你已經開始準備出門了。」賽歐不耐地唉了一聲，翻個身，繼續睡到八點。他下樓時，她塞了一份起司玉米餅給他，好在車上吃。他們一路急馳到學校，剛剛好趕上鈴響。

那天晚上下班後，南西和賽歐一起坐下來再次討論家規，試著改善規定內容。她又問他有什麼建議。

賽歐說：「不進我房間，也包括不在門外對我說話——沒有任何接觸，完全沒有。八點以前我會下樓。我得盡可能多睡一會兒。下樓後我不吃早餐。十點那節空堂的時候餐車會來學校，我可以那時候再吃。我不在家吃。出門前我什麼都不吃。」

他真的是很討厭。南西心想。我想幫他，免得他毀了自己，免得他明明可以在家吃早餐卻還要浪費錢在學校買吃的，結果他態度還那麼粗魯。不過她仍舊沒把忠告說出口。她發現賽歐表明的是，要是她別插手管他的事，他就可以每天早上自己負起責任。

第二天早上出現了轉折。賽歐睡過頭，南西沒等他就出門上班了。賽歐打電話給朋友諾亞，請他順道載一程，星期五早上也一樣。讓外人捲入自家事，南西覺得實在太丟臉了，但她還是沒吭聲。星期一早上，賽歐起床，匆忙套上T恤，穿了夾腳拖鞋（雖然氣象預報說天氣會冷、還會下雨），他下樓時是七點五十五分。星期二，他又睡過頭了，這次就連諾亞也已經出門去學校了。他搭了計程車（自掏腰包付車資）、晚到學校，還被記了個「無故遲到」一次。南西第二次提醒他週五晚上得待在家時，他用了一套理由非常充分的說詞：

「媽，那天晚上諾亞要辦派對耶！妳也可以去，然後跟他爸媽出去晃晃呀。妳跟他們處得很好，而且妳也該多出去走走。我明天晚上再待在家裡。」

說詞無效。「被記遲到，就表示接下來你打算出門玩的時候得待在家裡。」

賽歐接受了這後果，但要求在新編的清單裡加入另一條規矩。「還有。如果我得待在家裡，妳只要告訴我一次就好。隨便妳要什麼時候告訴我。否則每次妳一開口我就得聽妳說我星期五晚上要待在家裡，這比星期五晚上不能出門還令人受不了。」

沒能參加諾亞的派對後，賽歐又遲到了三次。不過他接下來的改變愈來愈穩定。他已經能夠每天都準時準備好出門去學校了。有那麼幾次，他甚至還在路上最後幾分鐘跟南西聊了幾句呢。能夠出現這個令人高興的對話插曲，是因為賽歐愈來愈成熟，而且對較冷靜、不再那麼委屈哀怨的母親有了正面的感受。

善心基金

倘若青少年平時多多少少感到父母有如自己的並肩盟友，就會更願意接受父母引導。請對青少年表達善意，藉此投資在他們身上，這樣一來，當你需要針對禮節建立起青少年眼中那些嚴格、過時的奇怪家規時，就可以「提領」善心基金了。

這種做法，我是從波士頓區一位心理學家鮑伯．迪特那兒聽來的，他專門指導夏令營的管理人員及活動輔導員。迪特把這種做法用在家長身上。孩子抵達營區後，他會建議活動輔導員寄封簡短的電子郵件給各個家庭，告知他們孩子安然無恙地到達營區了，並在信中提起孩子某項特質：「他很幽默，把我逗得很開心……在這個團體裡，她陽光般的笑容看了真叫人舒服……其他孩子打開背包、整理行李時，他幫了不少忙呢……他很得意地拿了藍色蛙鞋給我看。」迪特把這個小小的舉動叫做「存入善心基金」。要是在夏令營期間，活動輔導員得為了孩子出現行為問題或違反規定而打電話給家長，那麼在輔導員和家長之間便已經有了稍微認識彼此的和睦關係當做基礎。

這種做法並無法在父母與青少年之間創造出完美的經濟法則，因為青少年很容易就忘了你曾經出於好意為他們做過的任何事情。青少年不大可能這麼說：「跟和你去拜訪爺爺比起來，我今天晚上寧願跟朋友出去，不過既然你一直都很尊重我、態度也很得體……那麼我也只能答應了。」雖然青少年並不會有自覺地去測量善意已經累積了多少，不過他們仍然感受得出來，而且常常會據此做出決定，譬如同意跟你們去拜訪親戚，或者拿比平常多的衣物去洗時沒那麼抱怨連連。體貼青少年也有額外好處，其中之一是，經常嚴格對待孩子的父母會發現對孩子仁慈能讓自己稍感寬心。除此之外，把錢存進善意銀行裡還能讓家中青少年明白，就算對方似乎完全不值得寬容以待，成熟大人仍然會保持仁慈的氣度。

請找機會答應你家青少年的要求。別心不甘情不願的，也別只是因為被他們纏得不堪其擾才不得不同意。請興高采烈地點頭答應：

沒問題。

當然可以。

很好啊。

聽起來很好玩耶。

你要的話，我可以載你去喔。

我很樂意呢。

當然囉。

別客氣。

你今天晚上出去玩，我要不要多給你一點錢？

投資在青春期子女身上的另一種方式是尊重他們想吃什麼，就算你覺得他們的飲食喜好實在惱人也一樣。要是你家青少年宣布以後再也不吃任何四隻腳走路的東西，就買糙米和麵筋給他們吧，就算一個星期後他又開始吃漢堡時，你得扔掉剛買回來沒多久的東西也一樣。你只是花了點錢，卻經營了「尊重」。如果你認為家中青少年跟壞朋友混在一塊，結果因而起了爭執，就根據「知己知彼，百戰百勝」教戰守則，邀請他最要好的朋友來家裡吃晚餐吧。或許當你家青少年採取你的觀點時會有新發現，結果對那位朋友的看法有所動搖。也可能你會發現這個「壞孩子」只是笨了一點，並不是什麼有暴力傾向的少年罪犯。不過這麼做並非為了改變看法，重點在於你願意把青春期子女的朋友拉進家裡、認識他們。你也可以試試看，在家中青少年過生日時餽贈他們真心想要的禮物。他們還小時，這麼做或許再自然不過了，不過當他們暴躁易怒、變化無常又不懂禮貌時，父母就很容易把那些行為解讀為針對自己，而意圖懲罰他們，也很容易在想要表現親切和善的態度時卻顯得心有不甘或冷淡怠慢。他們這一整年嚷著想要擁有什麼東西、想去哪些地方、想要經歷哪些體驗時，請記下來，如果你的腦袋裡塞了太多東西，就寫下來跟粗魯王清單放在一起。預算夠的話，就用他們原本不該得的慷慨小禮物感動他們，要是手頭緊，下次去藥妝店時就順手拿他們最愛的雜誌或髮膠吧。

禮儀的神聖之處

此時你已確實了解，為什麼該讓家中青少年明白何謂尊重他人的行為、什麼是有禮的態度。當你兒子的教授正在考慮要邀請哪位學生加入研究團隊，當他第一次去面談工作機會，或是受邀與他想共度一生的那位年輕女人的雙親共度週末時，你都會希望他被他們選中。要是他態度粗魯，那麼無論他把平均成績拉得多高都不會獲得青睞。讓社會的輪子滾動得更順的，正是禮儀。

然而尊重他人，不只是「你對我好，我就會對你好」這種禮尚往來，更是通往超越的路。拉比教導我們，儘管我們不大可能像聖經裡的某些人物一樣接近上帝，卻能透過自身的言行舉止去認識上帝——藉由體現上帝以及按照上帝的形像去行事。舉例而言，亞伯拉罕（Abraham）死的時候，上帝安慰了以撒（Isaac），因此若是我們按照上帝所行之事去親切地關心悲傷或生病的友人，那麼光是探訪他們的舉動，便已帶了一股獨特的靈性氛圍。如此一來，我們便與傳統及猶太人緊緊連繫在一起，並且創造了上帝與我們同在的感受。

這種觀念能令父母深感安慰。眼見家中青少年離自己而去，實在教人心痛，然而若是你引領孩子的時候，能夠尊重他們的自然成長階段以及與眾不同的靈魂，你就是踏上了一條神聖的路途。

CH4

孩子只考B⁻的父母有福了，因為你能讓他們明白課業、家事和打工的真正意義

我家鄰居的兒子喬許上了頂尖大學，大一秋假時，他把兩個月份的換洗衣物（從八月底到校後所穿過的每一件衣服）塞進三個超大行李箱，在機場付了一百五十美元的行李超重費，接著就飛回爸媽家。

喬許把臭呼呼的牛仔褲、T恤、運動衫、襪子在洗衣間堆成一座小山，然後直驅廚房時，他媽媽張口結舌地問：「你腦袋裡到底在想什麼呀？」

「媽，」他一邊打開冰箱一邊說：「我哪有時間洗衣服呀？我一直在念書……而且我把我在希列爾猶太校園生活基金會分內的工作都做完了。」

喬許是個善良的年輕人，大體而言還算負責任，並沒有利用母親為自己做事的習氣。不過高中時父母讓他免做家事，專心做學校功課、參加課外活動，於是上了大學後，喬許認為這份協議仍然算數，只要他全心全意投入學業和宗教活動，就擁有豁免權，用不著洗衣服──喬許認定自己太有天分了，不該花時間、精力去整理襪子。

父母很容易忍不住想讓青春期子女免受枯燥無味的家事等等雜務之累。他們到了大半夜還沒睡，只為了寫〈自由市場對於中世紀同業公會有何影響〉的報告，第二天早上六點就要起床參加游泳隊練習，接著還得待在學校度過漫長的一天。而且他們脾氣不好又愛抱怨，提醒他們擦窗戶簡直是討戰，而你實在已經跟他們吵得累到不行了。

不過若是你免除了家中青少年做例行工作的責任（譬如洗衣服），你就是在教他工作可以分成崇高和低下兩大類。以這種扭曲的觀點來看，崇高的工作包括讀書、練習某項運動、練習某種樂器，或是幫第三世界國家移民家庭的孩子輔導課業。這類工作會讓青少年變得更有才華……從世俗的角度而言，也會讓大學的招生人員雙眼發亮。第二類工作則是平凡的日常雜事，很多青少年都認為這類工作低下、有失身分，包括隨時留意所有該做的作業並準時交出去、去運動練習時記得把裝備全帶著、廁所衛生紙剩沒幾張的時候主動換一包新的，而不是留給下一個人去做、留意簽帳卡還剩多少額度，就算是在忙碌不堪的舞會季節也一樣，幫家裡的車加油，而且大體而言讓生活運轉順暢、朝氣蓬勃。這些工作雖然平淡無奇，有時甚至令人厭煩，卻十分重要。我們生活裡大半的光陰就是花在修補、維護各種東西上面的。當父母讓青少年自認為傑出得不該做平凡的日常工作時，便是在教養出「弱智貴族」——這些年輕人成績耀眼、自信滿滿，卻不知道衣服是怎麼洗乾淨的，也看不懂信用卡帳單。

這些王子、公主儘管學業成就出色，然而一旦踏入生命下一個階段，就麻煩大了。把衣服洗乾淨這件事原本就很重要，它也象徵了青少年在獨立過程中必須擁有的自立能力，有了這種能力才能好好面對其他挑戰，譬如應付某個難搞的室友、判斷自己在什麼時候，跟誰在一起時能喝多少酒精飲料、該吃多少、該睡多少、怎麼控制支出，怎麼把工作和讀書兩件事都規畫好。弱智貴族裡有許多人被這些枝微末節搞得不知所措。他們既要承受孤獨（因為他們認為自己太獨特，不該配合其他人），也得忍受焦慮（因為他們覺得自己太脆弱，難以應付日常生活）。

當青少年學會了怎麼做平凡的日常雜務，並真正付諸實行時，就會更沉著、更有擔當。不過除非我們這些父母抹去有價值工作和無價值工作之間的錯誤界線，否則青少年自個兒是不會費心那麼做的。

上帝存在於生活瑣事之中

紐約里佛戴爾猶太會堂的拉比阿彼．魏茲（Avi Weiss）說過這個故事：

幾年前，有個丈夫和妻子來到泰爾斯猶太神學院教務長，拉比季夫特（Gifter）面前，請他裁決一樁家庭紛爭。這位丈夫是拉比的全天律法書研讀課程（*kollel*）成員之一，他認為自己既然研讀了律法書，那麼把垃圾拿出去丟便有失尊嚴。他妻子則覺得不然。拉比的結論是，儘管丈夫應該幫忙妻子，但無論從宗教方面還是從法律方面來看，這位丈夫都毋須撤回拒絕之舉。

翌日清晨，早課還沒開始，拉比就敲了這對年輕夫妻的房門，丈夫驚訝地請他入內。拉比說，不了，我不是來聊天的，我是來把你們的垃圾拿出去丟的。你可以覺得丟垃圾有失尊嚴，不過丟垃圾並不會有損我的顏面。

為什麼拉比要如此費心，以身作則強調那些平凡的例行工作有多重要？我在第三章提過，猶太宗教重言行甚於信仰。諸如把家裡垃圾拿出去丟這種正確的行為，比正確的信仰更重要。還有一個眾所皆知的故事，就是哈西德派的創教者巴爾・謝姆・托夫曾把另一位拉比用過的咖啡杯收去洗碗槽。別人問他為何這麼做時，他回答，到了贖罪日那一天，祭司長得負責收拾餐具。在這兩個故事及不計其數的其他訓誨故事裡，家事都是我們與上帝直接產生聯繫的途徑。

只要我們別再把目光放在生活裡那些惹人注目、自我滿足的大事上，就能輕而易舉地從日常雜務裡瞥見神聖。當我們在院子裡拔雜草、把家裡各種文件整理妥當時，便是在創造出秩序；當我們按照習俗布置餐桌、仔細把餐巾從正中央往下摺時，當我們端上細心準備的菜色、把地上的食物碎屑掃乾淨時，便是在提升社會品質。現代神學家兼榮格學家勞倫斯・柯瑞（Lawrence Corey）指出，我們可以在「削鉛筆、壓碎核桃殼、清貓砂以及訓練寵物時」發現神聖的跡象。從這種角度看來，上帝**確實**存在於生活瑣事之中。把垃圾拿去丟，就跟找出治療癌症的方法或跳入河裡救溺水者一般神聖，也跟挑選畢業生致詞代表一般神聖。

教導家中青少年做日常工作，並不嫌遲

所以呢，你家那位青春期孩子顯然不明白做日常家事的影響有多麼深遠，因為他**從來沒有**把垃圾拿出去丟過。請別就此放棄希望。此時了解平凡的日常工作為何崇高，對他來說還不算太遲。

請別一開始就對你家青少年吐出關於家事何等神聖的一字一句，要是你與青春期子女分享宗教智慧的精華，他可能會開始神遊太虛，或是覺得你已經無可救藥了。你應該堅定內心信念，相信普通的平凡工作是對孩子有益的。只要你有自覺地改變自身態度，並意志堅定，就能引領孩子改變行為，就算這孩子冥頑不靈、固執己見也一樣。

我們身為父母，無法強迫青春期子女去熱愛枯燥的日常職責，拉比也告訴我們這種情形完全無妨，因為做什麼比相信什麼來得重要。不過我們身為父母，只要態度夠堅定，再運用青少年成長過程的相關知識，就能引導家中青少年去做三種重要無比的平凡工作：安排學校作業、做家事，以及打工。

用平常心看待學校作業

孩子念小學時，會愈來愈熟悉讀書、做功課這些事。以理想的情況而言，父母會在家裡落實跟學校作業有關的家規（譬如「做完功課才可以看電視」），而孩子通常毋須爸媽協助就能把功課做完。但是到了國中，學生的作業愈來愈多，必須考得好的壓力也愈來愈大，此時念書可能會被披上崇高工作的外衣。當這種情形出現時，家庭的角色便錯亂了，青少年會被要求念書、念書、念書，父母則彷彿同時兼具了苦力、守門人、和祕密警察三種角色：

你說什麼？明天有西班牙文考試？你什麼時候知道要考試的？你怎麼沒早點說？我把晚飯盛在盤子裡端過來，你現在就開始準備考試。

或是：

我在你書包裡翻到這個星期的作業題目，被塞在最底下。你到底知不知道週五要交一份歷史報告？你看這裡，我已經擬好作戰計畫了。我今天會載你去圖書館查資料，明天把大綱寫好給我看。星期三你要把報告草稿寫完，我們得趕在星期四之前弄好，這樣我才有時間幫你檢查一遍。

請後退一步，暫且抽身。放下盤子、放下計畫表。當你把學業看得至高無上，還認為孩子需要由你施以高壓手腕時，你就是弄錯了重點。做家庭作業的用意，不是為了用完美的分數光耀門楣。家庭作業是一種例行工作。孩子會從這種工作裡學到二次方程式、法國的馬奇諾防線，更會學到被稱為「執行功能」的認知能力（做整體規畫、安排優先順序、延後眼前的享樂、忍受挫折感）。執行功能聽起來也許不怎麼有意思，但是少了它們，我們就無法設定方向，也難以實現目標。

談到這個，我就得提一下紹恩，還有他那份八年級的科學報告（這男孩並非真的存在，而是我認識過的許多男孩綜合而成，他的故事會讓你對青少年的典型思考過程有點概念）。老師出了那份作業，希望學生自己查資料、寫報告、修改內容並校閱一遍。紹恩的爸媽認為，要是自己沒積極督促他寫這份報告，他就不大可能會堪稱滿意地把它寫好。不過我們來瞧瞧，當他爸媽不把他當成弱智貴族時，當他們讓他順著靈感、抗拒、回饋、自信的正常學習過程往前走時，會發生什麼事。

靈感

我記得書包底下好像有一小條花生巧克力。嗯……黏在上面的這張紙是啥啊？喔，珂洛思老師出的作業。我看看她是什麼時候出的……兩個星期前。哎喲，最晚星期三要交耶！這樣只剩下今天和明天可以做了。「請對照太陽系的地心說與日心說，並比較兩者有何異同」。好，沒問題。我知道天文學是怎麼回事，有大爆炸、有黑洞，還有蜘蛛星雲，我以前超愛這些東西。小四的時候我老是在畫彗星飛來撞上地球，畫了應該有幾百張吧。說不定我可以在報告封面上畫插圖。超讚的。

紹恩一想起自己以前有多麼喜愛燃燒的外太空殘渣後，便由於獨具創意的靈感而一時間興致勃勃。靈感是極為關乎個人的事，你沒辦法直接把靈感提供給你家青少年。要是此時紹恩爸媽跟他一起在房間裡（「好，紹恩，我們開始吧。你想寫什麼？小行星怎麼樣？你以前很喜歡小行星的，還記得吧？」）他們可能會輕易扼殺了紹恩投入這份報告主題的一番熱情。

抗拒

抗拒無可避免隨著靈感而來，它以各種樣貌出現：無聊、挫折感、自我懷疑、怨恨、不知所措、困惑、肚子餓、口渴、疲倦、孤獨、想站起來走去別的地方、想做點別的事，或是急需學會某個吉他和弦。我們再來探訪一下紹恩的思考歷程吧：

這啥？「本份報告不可使用網路資源」。我只要瞄一下維基百科就好了。瞄一下又不會怎樣。「地心說」這條項目底下列了一本書，《夢遊者——人類宇宙觀之史》，亞瑟・柯斯勒著，一九五九年出版。哇塞，這看起來好像是經典耶。圖書館裡一定有這本書。嗯。我不用真的跑去借吧。還有咧？「請注意，應正確使用標點符號，並按照現代語言學會的格式規定編寫註腳」。唉，我開始愛睏了。睏得要命。

好，我已經用上課時抄的筆記寫了一頁了。現在應該檢查一下有沒有錯字。印出來看看好了。這印表機為啥閃個不停又不印？我下樓去喝點東西，上來的時候它可能就好了。或是看一下下電視，休息一會兒。現在在播什麼？喔，我的天！怎麼可能！《彗星撞地球》超棒！這部片在講小行星，我真的**非看不可**。明天再把報告寫完好了。我會弄到很晚，不過反正我晚上精神比較好。說不定珂洛思老師明天上課的時候會講到這份報告，然後會解釋一堆東西。這樣我到時候就比較好寫了。嗯，今天就弄到這裡吧。

正是由於這種自然而然產生的抗拒，所以光靠天分是打造不了藝術家的。做學校作業最實際的好處之一，就是學會如何戰勝抗拒，學會在最初一波的靈感、興致或興頭過了之後，仍能讓引擎繼續噗噗作響地爬上坡，而且是學著自己來。

回饋

要是你這位家長任由紹恩去犯錯，那麼生活自然會給他教訓。紹恩正是在翻找巧克力和遲一天交了一份倉促寫成、註腳格式錯誤（學校館藏裡並沒有柯斯勒的著作）、最後拿了令人失望的B⁻報告的戰火前線上學到了教訓（在這個分數膨脹、高度焦慮的時代裡，許多家長認為B⁻這個分數令人難以接受）。

心理學家把這種情形稱為自然的結果。當你拒絕變成家中青少年的家教或私人助理時，現實世界會插手幫忙。從這個角度來看，就算結果不好，也是有益的。由於遲交作業或倉促寫成的報告內容鬆散又不完整，而被扣了分數，教你家孩子難過不已時，那股感受也珍貴無比。生活會給他一套自動回饋機制，根據實際付出多少努力決定結果為何。

家長督促孩子功課、干擾了自然的循環回饋方式，這種現象令學校老師感到十分無奈。當父母緊張兮兮地過度監控青少年的功課進度，或是幫孩子修改作業裡的錯誤，學生就無法了解自己付出的努力與得到的結果之間有什麼樣的微妙關係。（「嗯，要是我跑去看電視而不是寫報告，這份報告就不會寫得這麼好了。」）老師也得弄清楚應該協助個別學生及全班學生加強哪些方面的能力，藉此根據學生的學習需求編製教學方案。然而當家長插手的時候，老師就被剝奪了所需要的資訊。（「這樣看起來，我好像該把上課時間用來解釋文章開頭的寫作技巧了。」）

要是你在家中青少年剛開始抗拒時便插手，便會在無意中傳達這些訊息：

- 這份作業太難寫了（不對，這份作業不難寫，這是他第一次寫科學報告，他只是還不熟悉怎麼做而已）
- 這分量對他來說太多了（不對，分量不會太多，他的能力與智力都完全足以勝任）
- 把每一份作業都做好對他來說實在太重要了，畢竟再過一年他就要上高中，到時候那份會跟著他一輩子的成績單就要開始添上一科科的分數了，所以我們禁不起任何風險（不對，這只是一堆報告裡的其中一份而已）

當家中孩子面對做得來、卻惱人的麻煩功課時，如果我們伸出援手，無形中便是對孩子傳達了他們能力不足的訊息。

這是否代表你得袖手旁觀，眼睜睜地看著他們沒把作業做好？有時的確如此。不過儘管你不該幫他們安排功課進度，卻可以協助他們別再拖下去。有些青少年把作業視為乏味的折磨，但拖著不做只是讓他們陷入更慘的窘境，你可以教他們「要怎麼收穫，先怎麼栽」這句俗諺裡的智慧。還有一些青少年把功課放著不做，只是因為他們很難著手開始做功課，或是被某份工程浩大的作業嚇到了。只要主動傾聽，你便能鼓勵孩子，而不是榨乾他的力氣。你不會插手，也不會幫他們解決問題，而是以尊重的方式引導他們。要是他很難開始動手寫報告，你可以問問他遇到了什麼狀況：

「我發現每次一到星期四晚上，你好像就會被堆積如山的作業弄得快累垮了。你覺得怎麼辦比較好？」

「嗯，學期開始的時候，學校有發過每週作業計畫表給我們。可是我們班上只有丹妮爾會把那些計畫表拿來用，你也知道她那個人……我可以用計畫表安排作業看看啦。如果我記得的話。」

或是：

「你看起來一個頭兩個大。怎麼啦？」

「每次我要寫功課的時候，都覺得根本不知道要從哪裡寫起。」

「對呀，我編簡報的時候也常常那樣覺得。起頭對我來說也是最難的部分。你們上課時有討論過這種情形嗎？」

「邁考斯老師說大家都覺得第一段不好寫。她說有些人習慣先寫文章主體，然後再寫開頭。」

「這辦法聽起來不錯耶。」

你也可以幫家中青少年移開寫作業的絆腳石。對青少年來說，要集中注意力時最大塊的絆腳石就是科技產品了。電腦裡頭有注意力散漫的年輕人喜愛的各種東西：音樂、聊天室、個人網頁、電子郵件、影片連結。儘管每一位自信滿滿的青少年都宣稱自己能一心多用，但即時通訊不斷傳來的閃爍色彩和音效，怎麼看都比幫某篇作文選定主題句誘人多了。要是你家青少年正掙扎著要把作業寫完，請記得，這是她的例行工作。你可能得請她別把手機放在房間裡，或是請她把筆電的無線網路斷線，直到她完成這份工作為止。而舊時的人際往來方式也是常見的絆腳石，當你家青少女功課堆積如山的時候，可以准她跟朋友出門嗎？——只要把作業做完就行。

自信

此刻是兩個月後。紹恩正在弄第四份地球科學報告。以下是對於一位非弱智貴族的側寫。這種情形也可能出現在你家：

（紹恩正在查看本週計畫表。）要寫報告了。今天晚上要問一下媽，星期二能不能晚一點去學校接我，這樣我就可以待在圖書館裡查資料，編參考書目，然後星期三就可以寫報告了。我得跟山姆把寫作格式手冊要回來，寫報告時就隨時可以拿來查了。星期四先準備好數學考試，然後再來修改草稿……這樣子應該就沒問題了。

日常生活的課程：家事

雖說學校作業相當費時，但也別因此就不叫孩子做家事。對你來說，克服內心矛盾會是一大挑戰。沒錯，你家青少年有一堆書要念，還要排練表演、練習運動項目，而他們也絕對該擁有社交生活。再說，我們都太忙了，自己來通常會比等待那位動作緩慢、草率敷衍又心事重重的青少年動手來得快。可是家事是日常生活的課程，而且還免交學費呢！

跟任何一種科目的補習比起來，學著怎麼洗衣服、把地下室打掃乾淨、照顧家裡寵物等，都是更加耗費體力的差事。根據我的經驗來看，做家事會提升學業表現，因為青少年能從中學會規畫時間和安排步驟。家事也構成了生活其他層面的基礎。會做家事的年輕人懂得如何承擔自身責任，他們開完大學啤酒派對後會幫忙清理場地，他們去女朋友家拜訪時會幫忙收碗盤，他們會貢獻一己之力，把宿舍或家裡變成愉悅的生活環境。他們知道怎麼在沒被要求的時候主動幫忙，他們不會被「只有沒才華、不夠優秀的人才得做日常生活裡的例行家事」的想法所困擾，也由於他們能幫忙做家事，也願意幫忙，所以大家都覺得他們很和氣、懂得尊重人，因而樂意親近他們。

要是你家青少年還沒被分派到家事，請按週、按月、按季列出一份家庭工作清單，然後開家庭會議來分派工作。雖然你家並非民主社會，不過要是他對於自己負責做哪些家事擁有一點發言權，就會比較願意「買你的帳」。請讓他挑幾個能樂在其中的家事……或是他覺得最不討厭的。我一個女兒喜歡用高壓清洗機沖洗屋外露台，另一個則喜歡整理廚房用具和衣服。要是家中青少年對哪一種家事都沒興趣，就根據他的才能和性情分派工作給他吧。如果你家青少年是有條有理的購物專家，那就列張購物清單，然後載他去超市，把他留在那兒採買吧；要是他精力多得用不完，又愛往高處爬，就讓他去清雨水管吧。請記得，做家事的重點是要讓家人一起分工合作，並且教導青春期子女，而不是折磨他們。雖然你可以把家事當成壞行為的後果，不過請別用家事懲罰他性格裡你不喜歡的某一部分。（「你不知道怎麼整理書桌？好，這位先生，恭喜你，你給我去把車庫整理好！這樣你就學會了吧！」）接下來，你就得態度一致、貫徹始終。你有責任讓青春期子女幫忙做家事，這份責任雖然乏味，卻重要無比。

從碗盤堆放技巧窺探青少年發育階段

我知道我知道，我又沒跟你家青少年住在同一個屋簷下，所以說到要怎麼培養出他們做家事的觀念，當然可以高談闊論嘛。說不定你家兒子自願洗碗盤，但把碗盤放進洗碗機的時候卻亂堆一通——酒杯塞在鍋子旁邊，明明直接在洗碗槽裡洗乾淨就好的沙拉缽被放在底層，佔了足足可以放六個盤子的空間，當你打開洗碗機門，想把在客廳四處撿回來的點心碗放進去時，只見番茄醬在銀製餐具上閃耀，整個洗碗機裡都瀰漫著難聞氣味。

你該怎麼做？你可能會把這種情形解讀成針對自己而來：要是他真的愛我，要是他真心感謝我花了那麼多工夫幫他準備三餐，就會好好弄。你也可能會根據把碗盤草率塞進洗碗機這個單一行為，延伸出對他整體性格的判斷：他這個人就是粗枝大葉的……可能是我教得不夠好吧。也可能是遺傳到老公他家那邊的壞基因了。見到青少年做事雜亂無章時，若是你火冒三丈，也可能意味著其他煩惱正壓在你心頭。就像我那位一再檢查大門有沒有鎖好，卻無法對伴侶道出怒氣的案主一樣，父母有時也會縮減生活裡的大問題（婚姻、財務），改而從小處著眼（去注意兒子欠佳的碗盤堆放技巧）。從小處著眼似乎能對生活裡的問題抽絲剝繭，更能把問題解決，不過這只是暫時的。因為心理健康的青少年不只會抗拒你發錯對象的怒火，還會加倍奉還：

母親：傑森，你現在就給我下來看看這個。你老是說要有環保意識。你知道你沒好好堆碗盤會浪費多少水嗎？

傑森：真搞不懂我幹嘛要試著幫忙做家事呀？反正我什麼都做不好。妳什麼雞毛蒜皮的小事都有意見。要是我像馬克思那樣去公共場所到處噴漆咧？那樣妳就不會埋怨我怎麼堆碗盤了，我沒因為房間裡有一大箱噴漆和大麻被警察抓走妳就該偷笑了。

別把你家青少年做事草率、態度差勁看得太嚴重，否則只會讓自己不高興而已，你反倒要用青少年成長過程的相關知識讓自己多放寬心。青少年就像多巴胺機器一樣，青春期大腦裡的線路會讓他們尋求新奇感和興奮感，因此很難放慢步調，把心思專注於把碗盤堆放在洗碗機裡這種枯燥事情上。他們看起來粗心大意還有一個原因，就是額葉皮質區尚未完全發育成熟，所以諸如根據碗盤大小和最恰當的清洗方式來把碗盤分門別類的任務，對他們來說可能是個天大的挑戰。除此之外，他們還有身體成長方面的挑戰。你知道孕婦常常會因為不習慣肚皮大小的變化，結果把食物灑在衣服前襟嗎？青少年也落入了類似的困境，他們四肢都正在發育，很容易錯估碗盤架之間的空間而弄破了盤子。雖然他們傳簡訊、玩電玩〈青春鼓王〉的時候都展現了驚人的靈巧度，但是在洗碗機裡堆碗盤所需要的的精密手眼協調能力，卻可能超乎他們目前做得來的程度。這跟你無關，也跟你怎麼教養他們無關，他們只是需要時間、需要練習。做家務這件事，你得堅持立場，但別吹毛求疵。試試看這種新觀點吧：要是碗盤都洗乾淨了，也沒打破，那麼你兒子就是做到了你要求他做的事。

當你交付家中青少年一項工作時，請事先說清楚你有哪些標準：「好，你每天晚上都會把碗盤上的殘渣刮乾淨，然後再堆到洗碗機裡。你會在吃完晚餐、開始用電腦之前做這件事。有沒有問題？」然後盡可能合理地讓他自個兒決定要怎麼做，別堅持要他用跟你一模一樣的方法。他還在學習，而你已經是專家了。他有他的步調，就算你的步調更快、更有效率，也請你尊重他的步調。要是他想一邊放音樂聽，或是做到一半停下來逗一逗狗，也無所謂。如果他希望你陪他，那麼你可以考慮珍惜這個機會共度一些時光，而非把這要求視為他怠惰的手段。

對亂七八糟的房間舉白旗

廚房、客廳、浴室、走廊都是家裡的公共區域。你家孩子應該要留意家中要求這些地方該有多整潔。沒錯，你知道他們這一天過得精疲力竭，不過他們還是得把書包和外套從地上撿起來放好。沒錯，他們做其他事情之前得先餵狗吃飼料。至於青少年的房間呢——那兒是家裡的公共戰場，而以房間裡整不整潔這件事來說，我建議你局部投降。房間亂七八糟，就跟態度粗魯、睡到中午，或一個晚上吃了兩份晚餐一樣，是青少年特有的行徑。他們整個成長過程就是一團亂，所以亂七八糟的房間也異常準確地展現了青少年腦袋的內部狀態。青少年還沒發展出新自我，而他們確信若要形成自我認同，就得把舊自我的裝備全留下來——布偶、魔術道具、芭比娃娃、遊戲光碟，還有他們擁有過的每一頂棒球帽、每一件T恤、每一個髮夾、每一枝筆、每一瓶指甲油、每一條脣蜜。

那些裝備全都載滿了情感。對青少年來說，時光承載了許多回憶，每一分鐘都別具意義。他們不想把口香糖包裝紙丟掉，因為那裡頭注入了拿到口香糖時的記憶：那口香糖是什麼味道、他們當時跟誰在一起、那時候的心情是難過還是開心。青少年雖然憤世嫉俗，卻也無可救藥地多愁善感，他們的房間正是所有那些洶湧的情感波濤之所在。

要是你家青少年一直找不到東西，譬如學校作業、錢、車鑰匙或重要的報告，或是他在房間裡頭囤積了一堆沒吃完的食物或髒碗盤，那麼他就該整理房間了。除非發生這種情形，否則他的房間不關你的事。我開設的親職課程裡，有兩位母親的觀念非常正確。其中一位說，她不介意兒子東西亂七八糟的，因為鋪在房間地上的那條地毯被埋在一堆東西底下，幾乎不大會踩到，看起來還可以用非常非常久；另一位則說，她只要求女兒在書桌和床鋪到門口之間闢出一條地震疏散路線就好。

何時該重來一遍？

你已經列出家務清單，讓你家青少年自行挑選工作，把你要求的最低標準說清楚，也後退一步，暫且抽身了……但家裡還是一團亂。碗盤不是沒放到洗碗機裡，就是沒洗乾淨。他房間裡的混亂不只侵入走廊，還一路蔓延到客廳和門口。與其對他嘮叨個不停，不如改變做法。

首先，請確定自己以身作則、表現出合理重視家務的態度了。你是否期待孩子把衣服一件件掛得好好的，卻覺得自己或另一半把髒襪子扔在地上**沒什麼大不了**的？若是如此，你就是用了雙重標準。你是否因為工作實在太繁忙，所以把清潔工作全部留給幫傭去做？若是如此，你就是在告訴孩子：大忙人用不著打掃居家環境。你是否偏執地把家裡打掃得一塵不染，卻一面抱怨個不停？或是當你家孩子正在享受他最愛看的電視節目時，滿心怨恨地用吸塵器把他腳下的地板吸乾淨？你正在教導孩子，家事不是讓我們生活得更舒適的切實辦法，而是生活裡不得不做的麻煩事。請先整頓好自己的態度吧，或許接下來你就會見到家中青少年的態度也跟著轉變了。

若是改變自身態度仍不足以解決問題，那麼請直接找家中青少年談一談。試試看這麼說：「我們這樣子分配家事好像沒有用。我得一直催你去做，然後你又會生氣。」或是「我晚上回到家後，沒辦法確定狗到底餵過沒。你偶爾餵一餵牠們，簡直比完全不餵還糟糕。我不想再擔心這件事了。」請一同集思廣益，找出新的辦法，達成共識後再試一次。

還有一個方法，就是重新考慮該讓你家青少年負責做什麼家事。請把家務清單拿出來看一看，重新評估內容。要是你家青少年原本自願把碗盤放到洗碗機裡，卻今天打破碗，明天打破盤子，或是很容易分心，實在沒辦法把這件事做好，那就建議他幫你洗車子吧。病態的定義之一，是反覆做相同的事情，卻期待出現不同的結果。要是我們要求太嚴格，要是我們太關切著要讓青少年做特定的某一件家事，便是搞錯了日常工作的重點。如果我們那樣子的話，就不是在讓青少年有機會懷著自信和驕傲完成那些平凡無奇，卻神聖無比的職責了。

重新定義「特權」

不過，當青少年始終不願做家事時，你就必須告知他們將會有何後果。請把那條基本原則謹記在心——你必須為家中青少年提供良好教育，讓他們有得吃、有得穿、有得住，除此之外的任何事物都是特權，當他們違反家規時，你可以取消特權。

當你告訴他們後果時，他們可能會用各種藉口拒絕接受：

我是要洗碗盤呀，我只是先把鍋子裡燒焦的地方泡一下水嘛。

或是假裝不在乎：

你要把我房間裡的電腦拿走，請便，反正我也沒差。

或是以外科手術般的精準度攻擊你的自信心：

你這樣子是因為你放棄了工作，結果現在只能很病態地把家裡弄得一塵不染，好讓自己覺得很有面子。

請別上鉤。請別讓爭辯愈演愈烈，也別流露出你被傷得有多重，要是你家青少年發現這些雄辯招數能把你從眼下的重點引開，就絕對會一次又一次把這伎倆拿出來用。請保持鎮定。只要忽視他那些言論，你就能讓他明白這招是沒用的。請這麼說：「但是你還是沒把碗盤洗好，所以你今晚使用電腦的特權被取消了。」

我了解，要取消家中青少年的特權並不容易，他會對此大為光火。不過要是你家青少年不做家事，要是你一肩扛起洗碗盤、整理家裡、打掃院子的責任，那麼你家孩子就學不了自立，你也會一肚子怨氣。對父母而言，這並非有尊嚴的立場。而看到家中景況時，你也高興不起來！你的房子是個神聖的所在，容納了一家大小，屋裡的環境應該合乎文明教養，也應該井然有序。（你用不著對家中青少年說這些，只要在自己需要鼓起勇氣來要求他們做家事時，在心裡對自己複誦就行了。）

雖然我並不能打包票，不過你冒險讓家中那位冷漠易怒的青少年做家事，最後可能會出乎意料地連繫起彼此之間的感情。跟青少年**一塊**做家事，或許是你們最能開心共享的時刻。一同整理壁櫥、在院子裡拔雜草，都很容易讓你們不經意地聊起天來——你們說不定已經有好一陣子沒這樣聊天了呢。有時候（只是**有時候**）聊天的內容會變得較深入，而跟你走進青春期子女房裡、坐在床邊，要求彼此開門見山地好好談一談比起來，這種方式也自然多了。

為什麼打工比遠赴國外當志工更好？

除了學校作業和家事之外，我還希望你家孩子有份兼職工作——一份**真正的工作**，而大學的招生委員也如此希望。

某天晚上，我與頂尖大學院校的幾位招生委員參加了一場座談會。當我們聊到「挑選學生時傾向以什麼為標準」時，其中一位座談人士提到自己偏好從候選學生裡挑選曾經打工過的青少年，其他人也點頭同意。

聽眾裡一位母親舉手猛揮：「我女兒參加過一個計畫……是去——」她戲劇化地停頓，然後放低嗓音，簡直是細如蚊鳴地說道：「——非洲」。她繼續說：「**社區**裡的學生可以**志願**參加這個計畫。他們協助當地孩子做手工藝，教他們一些**英文單字**，還幫忙在學校後面蓋了一個棚子，用來放園藝工具。」

一位座談人士答道：「非洲只會惹我們發笑而已。」

他的意思當然不是大學招生委員會取笑那些生活困苦的人。他們笑的是父母誤以為在申請大學時，很熱門的「暑期志願服務」之類的計畫會讓招生委員留下深刻印象。大學招生委員為什麼不覺得在肯亞拉管線的孩子有什麼特別的？原因就跟我認為的一模一樣：青少年參加**由父母付錢**的社區服務計畫時，無論那計畫是在非洲，還是在家附近，他們都不是為了賺錢而工作。這當中為了賺錢而工作的，是執行計畫的人員，他們就跟遊艇玩樂方案的企畫人員一樣，希望能從你家裡其他孩子身上再賺一筆，或是在學校、寺院、教堂裡傳出好口碑。他們希望你對所有的朋友說：

克洛伊過得超棒的！窗戶都有裝紗窗，蚊子不會太多——謝天謝地，那個地區沒有瘧疾。她連曬都沒曬傷呢。

這種計畫的問題，就跟父母在自家公司裡為孩子或朋友的孩子安插暑期職位的那種「實習」一樣。工作內容輕鬆，通常是特地想出來給他們做的，對公司營運並無實質貢獻。對參加這種實習的孩子來說，一切都萬無一失，無論他們做什麼都不會對公司有任何影響，除非嚴重失職，否則他們也不會被開除。他們大部分的工作時間都拿來煩大人，求他們交代一點工作下來，要不然就是裝出一副忙碌樣子。大學招生委員也很明白這種情形，所以在美國的大學通用申請書的第四頁上，有個地方是這麼寫的：

工作經驗：

請列出你過去三年內做過的**給薪**工作（包括打工）。

請注意，「給薪」用粗體字標出來了。

給薪工作是教導青少年尊重、自律、成熟、正直的最佳途徑之一，老師在填寫大學申請書裡的教師推薦欄時，會評估你家孩子身上的這四種特質。做志願服務及實習那一類工作時，上頭有人指揮，而且工作目的是為了要在成績單裡多加一點料，但是做給薪工作卻截然不同。青少年工作時，通常是幫大人做事，所以便得配合他們的要求。大人付錢給青少年，要求他們不只按照要求做事情，也要主動做更多，他們要準時上班、儀容整潔、尊重別人、維持工作區域乾淨整齊、避免拖延、容忍批評（即便批評內容不盡公平），並學習融入由許多不同性格的人所組成的階級團體（而且其中有些人可能讓人抓狂）。如果工作時遇到了問題，譬如正在看顧的小孩開始嘔吐；她獨自顧攤、爆米花機卻把奶油噴得四處都是；某位顧客抱怨她結帳時把牛奶的價錢打錯了；那麼，這位年輕員工就得決定要怎麼解決問題。把嘔吐物清乾淨；想辦法生出一支扳手；爽朗地改正價錢。

31 冰淇淋大學

你家青少年放暑假時可以找個輕鬆工作，譬如在鄉村俱樂部泊名車，領出手闊綽的小費。若是你夠明智的話，請勸孩子別做這些錢賺得輕鬆的工作。你家孩子做的工作愈腳踏實地，就愈對他有好處。

我朋友珞麗·古德曼念高中時，某年夏天曾在一間腳踏車工廠工作過。她的工作內容是拿起腳踏車的撐車架（上頭塗滿了潤滑油以防生鏽）放進塑膠袋裡，一天工作八小時。

工頭會沿著生產線巡視，大吼著要員工動作再快一點。她和一位朋友互相唱百老匯歌舞劇裡的歌曲給對方聽，好讓思緒脫離這種一再重複的動作和辱罵。她們簡直是真的學會吹著口哨工作了[21]。

對她們來說，這樣子已經算是上了一課了，不過還不只如此。這兩個女孩意會到，自己能忍氣吞聲、用無憂無慮的態度來稍稍保住顏面，是因為這不過是份暑期工作，而其他得靠這份工作吃飯的同事不敢惹怒工頭，只能默默工作。

擁有一份腳踏實地的工作，不僅符合大學招生委員會目前「挑選學生時傾向依據的標準」，同時也教了青少年「同理心」這堂影響力無遠弗屆的課程，讓他們能夠體會到為了極端微薄的薪資而工作是什麼滋味。你能從工作中發現，服務他人用不著屈膝哈腰，我們在做任何一份工作時都可以保有尊嚴。當你發現低工資／低技能的工作有多麼容易變得乏味時，便更有動力去努力念書。至於錢賺得輕鬆的工作則會告訴你，錢和生活都一樣——來得輕鬆。

你用不著把青春期子女送到非洲，考慮幫她報名31冰淇淋（Baskin Robbins 31 Ice Cream）大學的暑期班吧。你家孩子會從大桶子裡挖出硬邦邦或黏答答的冰淇淋。她會冷得發抖，她的手腕可能會因不斷挖杓挖到有點扭傷。她可能會問「杯子還是甜筒？有糖還是無糖？要蓋子嗎？」問到發煩。她拿到的薪水是最低工資，不過這番體驗本身卻珍貴如黃金。

21 英文的「吹著口哨工作」（whistle while they worked）可引申出「樂在工作」的涵義。

對，可是……

對於找工作這件事，你家青少年可能會激動地提出各種反對的理由：

媽，我這輩子**絕對不會**在可能會被朋友看到的地方穿那套白癡制服。

把稅扣掉後，我等於賺了……一毛錢也沒！

博格曼家問我要不要**每個**星期六晚上都去幫他們顧小孩。星期六晚上簡直等於我整個週末了。我只有那個時候可以跟朋友出去玩耶。

不過若是你態度堅定地認同給薪工作的實際價值及靈性價值，就能輕而易舉地平息那些抗議之聲。怎麼做呢？請使出要求青少年自己賺零用錢的絕招。當你家青少女能不能買iPhone端視她一個月賺多少時，你就會驚訝地看到她迫不及待地想穿上電影院的員工制服——那身制服閃閃發亮，侍者背心太大件，還加上了一頂侍者帽。

沒錯，當家中青少年反對的時候，你應付得來。不過如果反對的人是你自己呢？當你對於某份工作的工作時間長短、工作內容安不安全，或是孩子找不找得到工作有所疑慮的時候呢？我們這就來討論討論吧。

反對：我以前找的工作是送報紙、修草坪，可是現在這些工作愈來愈難找了。

從前由青少年做的工作（尤其是男孩子的工作），如今已屬於低工資的成年人工作了，不過要是你睜大眼睛，還是找得到適合青少年、青少女做的事。其中部分例子包括：

- 電影院售票員
- 咖啡店服務生
- 餐廳服務生或服務生助手
- 營隊的活動輔導員
- 快餐店員工
- 家庭度假村的活動人員
- 兒童生日派對遊樂場人員
- 救生員
- 遊樂場／主題樂園員工
- 家教（可以幫小孩子輔導課業，也可以教他們美術或樂器）
- 在兒童球隊裡當教練或裁判
- 雜貨店出納員

- 超級市場裝袋員
- 保姆（青少年要是應付得了調皮好動的小男孩，就贏得了賺大錢的優勢）

反對：他們有一堆課外活動和學校作業，沒時間拿來工作。

這話或許千真萬確，而你也可能會決定要求家中青少年在暑假時做全職工作，好讓他們在學期時專心讀書、參加活動。

不過根據我的經驗來看，給薪工作會讓青少年精神百倍。真實世界的責任對他們來說很新奇，而工作時學來的做事方法也可讓他們在做學校作業、上音樂課、做其他事情時更有效率，基於這些因素，我一直希望女兒可以全年工作。暑假很容易找到工作機會，譬如營隊活動輔導員或雜貨店出納員，在學期中，這些工作機會不是沒了，就是需要的工作時間變長了，青少年應付不來。（對大部分的學生來說，一個星期工作十五個小時以上，就會影響到學業表現或睡眠品質。）艾瑪和蘇珊娜後來做的比較像是自行創業、時間短得多的工作。艾瑪每天開車載其他學生共乘去學校，換取事先講定的費用。雖然這份工作不需要跟大人互動，不過她得夠主動積極，得收錢、管錢，而且整個學年**每天**都得提早二十分鐘起床——這對一位愛睡覺的青少女來說是份不小的責任。而蘇珊娜則自行設計、製作、販售首飾給鄰近店家。她們兩個都當保姆。她們有個朋友製作可在生日派對、週年紀念日時播放的剪輯短片，另一個朋友週末時去舞廳當DJ，還有其他朋友當家教。

反對：我們年輕時當救生員還沒什麼問題，可是現在臭氧層已經變薄，太危險了。

我不能讓她晚上穿過暗巷去搭公車。

我不能讓她在便利商店打工！她可能會遇上歹徒搶劫！

這些擔憂都讓我想起小小孩的父母——他們不敢讓孩子走出家門去找住在隔壁第四間房子的朋友玩耍。危險是我們拿來禁止特定活動的藉口，不過我們其實是恐懼自己漸漸無法再控制孩子的生活。我們尤其害怕把孩子交到陌生人手上。自從孩子出生後，我們便小心翼翼地幫他們挑選幼稚園、醫生、學校、教會團體、玩耍的同伴、家教、教練，剔除掉潛在的任何負面影響。孩子置身於我們創造出來的泡泡裡，或許很快樂、很放鬆，卻也完完全全被隔絕了。青少年甚至還會把泡泡縮得更小。美國高中的午間用餐室之所以惡名昭彰，正是因為那裡是小團體彼此歧視的場所：有貴族派頭的、有話劇社的、有溜滑板的、有歌德風的、有走獨立藝術路線的，也有跳啦啦隊的。

工作能消弭這種歧視。工作場所的人際關係不若學校裡那麼緊張，你家青少女可能會與坐在午間用餐室另一頭、離她餐桌遠得很的女生變得熟絡。她可能會遇到言行較粗野的大人、較坦率的大人、較真誠的大人，甚至是腦袋比家裡的大人還瘋狂的大人。對我們的溫室花朵而言，接觸新的人物是很健康的事情，而且會讓他們整個人都提起勁來。

反對：我家青少年現在的壓力和責任已經太多了。妳不是常說別把孩子逼得太緊嗎？

青少年的生活充滿了大人要求的責任：拿到好成績，當這個的隊長、當那個的風雲人物。他們時時刻刻都感到自己的整個未來危如累卵，但實際上當然不然。工作能讓他們負起真實生活裡的責任。青少年會從「三角函數要考九十分」這種人工製造出來的責任，轉而擔起「你要負責我們泳客的安全」、「你要負責照顧三個小孩一個晚上」，或是「你交班前要先對好帳」這類責任。如果某位青少年足以令人信賴，也夠可靠，就會擔起更多責任。而當青少年被賦予樞紐般的重責大任之時（也就是被交付飾物小店或飲料攤的鑰匙，早上負責開店），便是為自己贏得了驕傲。

當某個青少年的才能跟社會認可的成就（學業、體育、音樂、話劇、學生會）格格不入時，工作是培養自信的另一條途徑。說到這個我就想起娜塔莉。我為她諮商時，她十五歲，正在經歷一段不好受的日子。娜塔莉脾氣不好，所以朋友很少；她跟爸媽吵架；在籃球隊裡由於缺乏運動精神，經常坐冷板凳。後來她在網路上發現了一個動物救援團體，便開始去那裡工作，幫忙他們配對狗兒及想要領養狗的家庭。從那時起，她宛如找到了一個避風港。娜塔莉負起那個職責，表現得比實際年齡還成熟。工作時，由於雇主並不在乎員工的學業性向測驗成績，所以像娜塔莉這樣的孩子便彷彿呼吸到了自由的空氣，能發現自身令人驚奇的天賦：整理、販售、管理、解決問題、保持主動積極。而這些才能也是未來雇主最為重視的能力，雖然他們或許會依據畢業生的履歷來決定雇用與否，但仍舊會根據實務技巧來決定是否讓員工晉升。

日常工作宛如一份禮物

孩子還小時，我們必須為他們做不少事。不管你覺得多累，不管你一個晚上得換多少次床單，不管你家嬰孩有多容易肚子痛，你都力求善盡本分，對孩子慈祥體貼。練習了這許多年，保護他們、為他們安排好一切、為他們修東補西的，如今這些行為已變成了反射動作。要懂得什麼時候該如何停下來或放慢腳步，並非易事。不過當孩子長大時，要是你不扭轉自身的一些衝動，要是你保護孩子，不讓他們學會生活裡的基本能力，他就沒有機會變得獨立自主。過度保護孩子，有如用飼料餵成鳥一般。成鳥雖然被養得健健康康的，卻無法自行覓食。只要你教導孩子日常工作宛如一份禮物，你便是在促成他培養生活能力，他將能夠運用那些能力發展出神聖的潛力——起初是以孩子、學生的角色，最終則成為父母以及對社會有所貢獻的一份子。

CH5

孩子弄丟毛衣的父母有福了，因為你能讓他們控制物欲和惜物

十六歲的亞胥已經上網查過電吉他怎麼彈，朋友盧卡斯也教了他三個和弦，此刻他已自封為用功勤勉的電吉他學生了。他三不五時在夜深人靜時練習，惹得鄰居抱怨連連。亞胥百折不撓，遊說爸媽買一把新的電吉他來取代哥哥用過的，還能彈的那一把：

羅比那把舊的YAMAHA彈起來像壞掉一樣。要是你跟我去吉他中心聽聽看，就會知道FENDER的音質好多了。席維曼家說我這樣彈電吉他很吵，說得也沒錯。我們應該在車庫加裝隔音設備。你只要把車庫裡一些箱子收到壁櫥裡，再把剩下的東西拿到地下室就好了。

「我們叫他太陽王，」亞胥的父母談到家中青少年時，如此說道。「我們怎麼會養出自以為地球繞著他轉的孩子呀？我們怎麼樣才能教他別再把我們當成私人管家和自動提款機了？」

這些問題都很合情合理。雖然亞胥的父母確實得努力引導他脫離自個兒沉醉於其中的世界，不過也用不著為此驚慌失措。青少年不切實際地自以為擁有各種權利，這很正常，也是邁向成年的必經之路。

你家正常的自戀狂

美國精神醫學會在自戀型人格障礙之定義裡列出的特徵如下：

- 誇大自己的重要性。
- 經常幻想自己非常成功、非常有權力、非常有才華、容貌非常出色，或是擁有理想的愛情。
- 認為自己「很特別」且獨一無二，只有同樣特別的其他人才能了解自己。
- 過度需要他人讚賞。
- 認為自己擁有許多特權。
- 利用他人以達到目的。
- 難以同理他人。
- 經常嫉妒他人，或是認為自己受人嫉妒。
- 言行舉止或態度顯得傲慢自大。

聽起來是不是很像你認識的某人？說不定這個人就住在你家屋簷下？在生命中某個階段屬於病態的想法、感受、行徑，在另一個階段卻可能再正常不過了。正如許多小男孩的行為都有過動兒傾向，而不少老人家都喜歡回憶過往時光，對青少年而言，自戀多半也是很正常的。這種自我中心的態度最讓人受不了的地方之一，就在於他們堅信自己有權利擁有各種東西、要求別人幫忙，就算是別人得付出代價也一樣。青少年多半都跟亞胥一樣，認為為了讓他們能夠學習、成長、茁壯，別人就必須不計任何代價地滿足他們各式各樣的需求。

從心理成長的角度來看，這種沒心肝的自我中心態度非常有益於青少年，他們能藉此練習去影響這個由成年人掌控的世界。還記得你家青少年仍是個無助嬰孩的歲月嗎？小嬰兒哭喊的聲音是那般淒厲刺耳，逼得你絞盡腦汁，用盡每一份體貼及耐心，想方設法要舒緩嬰兒當下感受到的痛苦。（他是真的又餓了嗎？房間這麼暖，他還會冷嗎？尿布膠帶是不是扎到他了？）

青少年也會善用這種手法。他們並不無助，不過他們也沒有成年人能行使的權利。十幾歲的青少年不能開車、不能投票、不能花大錢買東西，所以他們就不管三七二十一地纏著你不放。在荷爾蒙驅使之下，他們十萬火急地提出要求。當你拒絕馬上就載這些青少女去凱蒂家的時候，她們的模樣如此楚楚可憐；當這些青少年急需一件新帽T的時候，心情是那般熱切；當他們認為你只要晚一點睡、幫個小忙，那份歷史報告就會成為曠世之作，還認定你終究會答應，好為耳根子換來一些清靜的時候，更是自信滿滿。

你家孩子的職責是放肆地提出各種要求，還要表現出就算是拚了命也要稱心如意的態度，而你的職責就在於別為此而感到心煩意亂。教養子女的樂趣之一，便是給孩子小小的甜頭：他們並不是非有那些禮物或非有你幫忙不可，但一點點小甜頭會教他們心花怒放，也會讓他們在青春期那個不斷變化的世界裡感覺更安全、更受保護。不過如果每當你家青少年提出一個要求，你就連忙跳起來衝出去，那麼最後你會又氣又惱，而孩子則會發展出心理學家傑洛姆・凱根（Jerome Kagan）所謂的「欲望過度滿足」（oversatiation of desire）症狀，這種情況是被別人滿足了太多要求所造成的結果。過度滿足的孩子會表現得像個嬰兒或惡霸一樣，然而這種態度其實是源自於無能為力的感受——當孩子被照顧得好好的時候，就會覺得自己得仰賴他人才能感到開心、滿足，他們並不認為自己有能力解決問題。富有同情心的父母，要怎麼才能一方面接納青春期子女在成長過程中的自戀傾向，另一方面又促使孩子去自我中心，不僅不會沉溺在物欲裡，還能仰賴內心的力量呢？當父母對家中貪得無饜的青少年不知所措時，惡之衝動（*yetzer hara*）這種猶太觀念便能有效地指引出一條明路。

惡之衝動

猶太教義要求我們知足，每次我們過猶太新年的時候，都會被諄諄叮嚀「願我們不被渴望所缺之物的欲念毀滅，願我們時時對幸而擁有之物心存感激」。這建議十分明智，但父母該如何教導青少年兒女心存感激？他們才在公車上掉了一台相機，就馬上想要另一台新的，這時候要怎麼回應他們呢？如果他們把體育服忘在朋友家，卻認為你應該去拿，並在體育課前幫他們送到運動場，你又能說些什麼？

我在《孩子需要的九種福分》裡解釋過，猶太教義對人性的看法非比尋常。古時候拉比認為人人內心都懷有一種源源不斷的衝動，稱為惡之衝動。雖然惡之衝動讓我們貪婪自私、粗暴魯莽，卻也令我們精力旺盛。拉比如此重視惡之衝動，甚至為它起了很讚（*tov meod*）的別名。

猶太法典裡有個故事，告訴我們惡之衝動的力量浩瀚無邊。猶太大會欲除去惡之衝動所帶來的一切苦痛，於是逮住它，把它關了起來。惡之衝動從監牢裡往外頭喊：「你們要是殺了我，就會毀了世界！」大會無視於這誇張荒謬的警告，但沒過多久，卻發現它所言不假——衝動（*yetzer*）被關起來那幾天，國內各地的母雞都不下蛋了。在希伯來文裡，「*yetzer*」的字根與「*yetzira*」相同，而「*yetzira*」意指「創造」。少了這種對惡的傾向與動力，就不可能有新生命的誕生，也不可能有熱情或激情、雄心壯志、想像力、創造力——最後也就不會有婚姻、不會孕育出孩子、不會有生意買賣，也不會有喧鬧熙攘的都市了。

當青少年想要更多衣服、更多東西、更多「這次就好」的要求，你可以氣他們太自私……也可以停下來退一步想想，讚嘆那充滿熱情、活力的惡之衝動。從這個角度來看，就算他們要求之物並不合你品味，但他們源源不絕的欲求其實是對生活的強烈渴望。對忙碌不堪的成年人而言，上街購物往往屬於兩種狀況之一：不是不得不做的無聊差事，就是因為心情不好而大肆敗家。有些青少年也把買東西當成馬上讓心情變好的辦法，藉此暫時忘卻煩惱，不過對大部分的青少年來說，上街購物是一種表達自我的方式，而且會教人興致高昂。瞧瞧二手店裡的一群青少年，你就會發現他們為這番大肆搜刮帶來了多少活力。展示櫃上堆滿了別人不要的衣物，但他們就是愛在裡頭挖掘一番。在父母眼裡，那些衣物有如一堆還沒洗的髒衣服，不過在青少年看來，這正是挖寶的大好機會，他們會大喊「天哪！天哪！你看這件外套！是純羊毛的耶。」就連百貨公司裡青少年珠寶精品店的「買一送一」也彷彿是尚待發掘的寶物——即使送的可能只是掛在一小張厚紙片上的五副金屬耳環。他們買各種東西，譬如超緊或超垮的褲子，有些很怪異，有些很孩子氣，有些很性感，藉此自由自在地嘗試新的自我認同。除此之外，青少年也為了融入同儕而購物，他們身上穿的牛仔褲、鞋子，甚至是用的髮圈都與同伴的打扮一致。青少年還為了對未來有所期待而買東西，他們等著穿上新買的那些衣服，然後興高采烈地去參加學校舞會、聽演唱會、參加派對或看球賽。貪圖享樂的惡之衝動正是擁有這種活力、這種生命力。

青少年之衝動的缺點在於，他們的衝動膚淺而變化無常——昨天才滿心渴求某樣東西，今天就已經對之興趣缺缺，更別提他們對家裡的支出預算根本毫無概念，所以我並不建議任憑青少年的惡之衝動為所欲為。任由惡之衝動恣意妄為，有如將之禁閉在牢籠裡一般，最終只會產生反效果。猶太教義教導我們，將惡之衝動與自制的美德保持適當平衡的時候，我們活得最舒服自在。我們用不著活得像動物一樣，一有欲望就急著滿足自己，也用不著努力向不受世俗娛樂誘惑的天使看齊。我們一出生便被賦予自由意志，能選擇要充分滿足哪些欲望，又要將哪些欲望升華成更崇高的作為。這股力量讓我們能為了達到目標而延後享樂，讓我們能把他人的需求擺在自己的需求前面，也讓我們更能享受已擁有的事物。

想要在活力與自制之間取得平衡，我們得終生努力不懈，但這在青春期特別不易做到，因為惡之衝動在此一時期特別強烈。父母該怎麼引導青少年兒女更加自制、更能心存感激，同時也尊重惡之衝動那狂熱有趣的本質呢？你無法期待青少年買了第七條緊身牛仔褲後就不再渴望買褲子，但你能讓他們明白，把錢存下來買真心想要的東西會令人感到多麼滿足，能教他們好好珍惜已擁有的東西，能教他們事先做好準備，免得老是靠你在最後一刻趕著幫他們打點事情，還能教他們與父母及生活較困苦的人相處時互相包容。不過在開始教導這些自我克制的訓誨之際，你得先自問是否有任何理由可能會導致自己不願意教他們這些事。

教導自制，困難重重

我曾經幫一對父母做過諮商，他們在女兒莉莉生日時買了一輛銀色BMW當做驚喜。他們細心挑選了車款和顏色，想像這輛安全又高雅的轎車停在家門外的情景。莉莉在生日那天早上往窗外瞧出去，看見那輛新車停在外頭，車頂上綁了個大蝴蝶結……接著她開始掉眼淚。爸媽問她怎麼了，莉莉說：「我不要那輛車。我要藍色的。」

莉莉看到爸媽送的生日禮物後竟那麼沒禮貌，令他們大感訝異。他們可是買了一輛又堅固、又漂亮的車，可以讓她從高中一路開到大學，說不定還能開得更久呢。等到我請莉莉的父母多說一點她當時的反應後，這件事背後的緣由才漸漸浮現。她媽媽是這麼說的：

嗯，莉莉就是特別喜歡藍色。從小時候開始，其他小女生都還穿著粉紅或粉紫去參加生日派對的時候，莉莉就老是穿藍色了。她六、七歲時總是說：「我的眼睛是矢車菊藍，半夜的天空是靛藍，游泳池裡的水是海藍。」這時，莉莉的媽媽突然深吸了一大口氣。「哎呀，糟糕，」她說道。「我大概知道莉莉為什麼看到那輛車就開始哭了。她拿到陪同駕照後，就開始講藍色的車子講個不停。我看只要我們買的車是藍色的，就算是二手的HONDA她一樣會開心得不得了。可是我們全家都開BMW，所以我們腦袋裡只記著要買BMW，其他什麼事都拋到九霄雲外了。」

我們可以把莉莉的反應解讀為被寵壞的青少女的惡劣行徑，畢竟一輛嶄新的ＢＭＷ，管它是什麼顏色，絕對都是青少年多半會夢寐以求的禮物。不過我們也可以珍視她堅決表達自我的那種態度——正如她母親後來意會到的，莉莉無意對外宣傳自家形象。我見過父母與子女之間的這種窘境以各種形式出現，從選車、選衣服到選大學的時候都會發生。當父母不只是買東西為青少年建立自身形象，還用「我們只是在教你品質有多重要」這種理由隱瞞真正動機時，青少年又怎能發展出自我克制的成熟意識呢？

如果你覺得家中青少女自認為擁有各種特權純粹是由於她本身出了問題，那麼請先花些時間來審視自己的生活習慣。你是否像莉莉的父母一樣，買昂貴的東西給孩子，藉由家裡的財經地位令左鄰右坊刮目相看，但當孩子說出自己想要什麼的時候，卻又為她貼上膚淺的標籤？你是否不小心落入由父母、青少年和金錢組成的迷宮，還走進了死胡同？

試圖購買親情

你家孩子曾經崇拜過你，如今卻不是疏遠你、只用一個字應你話，就是表現卑劣、對你批評無度。當連著你與孩子的那條線變細時，你會不由得想要避免把線拉得更緊。你可能會買各式各樣的東西給青春期子女或是幫他們各種忙，因為你害怕要是沒這麼做的話，那條線會喀擦一聲斷掉。

藉由青少年感受歡樂

我們年紀愈大，就愈忍不住想向年輕人借一點自尊和虛榮來用。他們怎麼穿都好看；他們可以英氣逼人地套上那些昂貴的運動裝備；他們的生活多采多姿、精彩萬分。不過要是你家青少年覺得自己被你當成了洋娃娃或動漫模型人物，而玩弄於股掌之上，就開心不起來了。

太過體貼

當青少年抱怨「其他人」都有「那個」東西，或是都報名了某個超讚的暑假旅遊時，他們實際上說的是，如果自己也能擁有那些東西，就能融入風雲人物團體或某些小圈子裡。他們說得沒錯：青少年的確必須透過特定手段來得到某種社交地位，因此幫他們買對了鞋子品牌或買對了腳踏車，有時候可算是尊重、體貼的表現。不過請留意，別讓孩子認為可以用錢買到友誼，或是認為自己社交的需求比家裡的收支平衡還重要。

過度獎賞

當父母重視結果甚於過程時，就可能會變成在賄賂孩子：只要你給我好成績、優秀的運動成就、令人羨慕的社交地位，或可由個人自行填入的任何一種成功指標，不管你要什麼我都買給你。若是不斷地給予獎賞成了慣例，可能反而會引起反效果，降低了青少年內在的動機。除此之外，過度獎賞也是在告訴青少年，「中庸」並非成功人士的特質。

錯誤的消費心態

父母心情不好時，若是習慣用血拚來轉移注意力，會發現血拚引起的愉悅感消失得非常迅速，而如此導致的沮喪感受又讓人更想買更多東西來麻痺自己。要是你家青少女碰上難題時，你常用幫她買更多衣服、更多電子產品、更多度假旅遊來解決問題，那麼你可能會把這種無法令人感到滿足的無效解決之道傳到孩子身上了。

自認為比孩子清高

你家孩子變成自私、被寵壞的青少年時，你可能會覺得備受煎熬、忿忿不平、傷心委屈……還認為自己的道德感比孩子崇高。當你自信心脆弱時，這種優越感能打造氣勢，還能讓你和另一半擁有源源不絕的話題：「我回到家，她視線根本沒離開電腦，連點個頭也沒有……她這樣子還敢說想買新鞋穿去學校舞會？門兒都沒有！」父母與青春期子女跳著這個階段裡原本就會令人備感懊惱的舞步，我們很容易三不五時覺得惱怒，甚至火大，但要是你發現自己開始蔑視孩子，就該爬下拳擊台，走進諮商師或治療師的辦公室了。

教導青春期子女不亂花錢

想要為衝動套上韁繩，其中一個好辦法就是讓孩子自掏腰包支付生活裡額外的開銷。孩子可以去打工（這是我在第四章推薦的做法），而父母也多半會固定給年紀較大的青少年零用錢。給零用錢的目的並不在於幫忙孩子為大學學費存錢，或學著捐助慈善團體。雖然這些做法的目標崇高，但是那樣子小心翼翼地規畫零用錢，對青少年來說通常太麻煩了。零用錢也不是做家事換來的代價，因為家事應被視為家中一分子的基本義務。零用錢的目的很簡單：教導青少年如何在買東西時不亂花錢。

零用錢應該足以支付哪些開銷呢？我傾向讓青少年負責付定期支出的費用，譬如加油、買影片和唱片、和朋友出去吃飯。要是你經常這樣子跟青春期子女爭論：「你怎麼會覺得還得再買一雙高統的帆布鞋？」或是「妳認為我會花七百塊去幫妳買一條脣蜜？」而且你絕對還說得出更多沒必要買的行頭和化妝品，那麼零用錢便能讓你減少與孩子之間的磨擦。當家中青少年證明自己有能力管理小額金錢後，我們就可以多給一點零用錢，讓他們買得起更多東西，或付得起更高的開銷，包括樂器、運動裝備、手機帳單、基本衣物、剪髮等等。

零用錢（以及打工）應該都能減少你跟青春期子女為了錢而爭執的頻率。當她伸手向你討一件她能自行購買的東西時，你就能提醒她應該自己去買——錢得從她自己的荷包裡掏出來。

尊重青少年的欲望，但別自動投降

惡之衝動揮霍無度，連早餐吃的都是鈔票。就算是拿到了這世界上最慷慨大方的零用錢，青春期子女還是會繼續求你買一些太貴、用不著的物品，或是她明明已經有了的東西。面對這些要求時，怎麼回應才好？父母的角色常用的劇本裡有幾種詰問方法眾所皆知，但其實鮮少奏效。你搞不好還記得自己小時候聽過爸媽那樣說呢：

你以為我是印鈔票的喔？

妳櫃子底下塞了一堆用都沒用過的皮包。妳為什麼老是嫌皮包不夠？妳就不能為了已經擁有的東西而心存感激嗎？

你就只會顧著自己，不能為別人想一下嗎？

聽見了嗎？你大聲喊出口的話已經消失在風中了。請記得，你現在是與惡之衝動對話。衝動的職責就在於渴望各種地位象徵和亮晶晶的東西。它不聽從理智，而且一旦遭受攻擊就會怒目回斥。順衝動而為，會比逆勢而為來得有效。試著以同理心看待你家青少女對新手提包的欲望吧，不過也別直接衝去買一個回來給她：

母親：我聽到妳說的話，我懂妳的意思了，我知道妳真的很想要一個新皮包，我也知道妳的皮包看起來已經有點舊。我們來想想看妳要怎樣才能有一個新皮包。

女兒（挖苦口吻）：嗯，我想想看……說不定妳可以去店裡，買一個給我？

母親：要是妳能等到生日，那沒問題。可是如果妳想要早一點有新皮包的話，妳可以打電話去羅斯家或柯爾文家看看他們需不需要保姆，妳也可以用上次生日時爺爺奶奶給妳的紅包。要是妳出得了一半，而且皮包的價格也很合理，那我很樂意幫妳付不夠的部分。

女兒：妳這樣很過分耶！其他人都嘛有好皮包。瑪蒂有兩個 Betsey Johnson 的小手提包，伊莎貝拉有一個新的 Coach 手拿包，漢娜有三個 Marc Jacobs 的皮包，**三個**耶，我在她櫃子裡看到的。我唯一能用的這個舊便宜貨——首先呢，它都快散了，而且呢，用起來有夠丟臉的。

這個時候，你家青少女或許會重重踏著步伐走開，然而過沒多久她怒氣平息後，可能就會回來找你。她不會再那麼忿忿不平，不過欲望卻完好如初。

女兒：我打電話去柯爾文家了，星期六晚上我要去他們家顧小孩，從六點顧到七點，說不定會顧到更晚！他們還要我星期三下課後去教塔麗雅寫作業。我本來打算用爺爺奶奶給的紅包去買純白T樂團的演唱會門票，可是我上網查了以後，發現門票只要二十美元，這樣子我就多了三十塊。我有找到一個粉紅絲絨的Juicy Couture小水餃包，加上運費那些有的沒的，只要八十耶！要是妳出二十塊，我就可以買了。媽，我真的會超開心的。

父母通常最容易在這個時候反悔，說些諸如此類的話：

我上個月才買了一個新皮包給妳。那個皮包呢？

或是：

粉紅絲絨？妳不覺得那種皮包很快就會髒掉嗎？Juicy Couture的？那個牌子是不是都在沒什麼設計感的皮包正前方加上亮晶晶的商標圖案？

或是：

小水餃包？妳老是帶一堆亂七八糟的東西，哪裝得下呀？

請抗拒衝動，別說出這些話。請記住兩個重點。第一、你女兒渴望 Juicy Couture 的包包，這跟理不理智或實不實用無關。她的行為是基於愛。沒錯，那不是什麼重要的皮包，但是她願意為了它而工作，還願意拿出一些存款來。第二、你答應過出一部分的錢來買手提包。在這場交易裡，你除了二十美元之外沒什麼損失。對於守諾以及尊重你家青少女的品味兩件事來說，這項投資實在很便宜。

我們並非得資助青少年提出的每一個要求。然而跟不斷重複「不行，妳已經有一個皮包了。別再鬧了，不要吵我」，或是馬上帶著孩子去百貨公司，然後對她說「親愛的，快選一個吧」這些方式比起來，若是你能先深思熟慮後再處理這種情況，那麼產生的影響將大不相同。假若你把買東西的主要責任還給青春期子女，那麼他們能從中學到的，就會遠比聽你道貌岸然地鼓吹感恩所學到的更多。藉由這種引導的方式（「要是妳用自己的錢，說不定我們能想出辦法買皮包」），你就是讓青春期子女有機會學習。一旦她得自掏腰包，或許就會發現自己對精品手提包的欲望迅速消失。若是這份欲望不減或愈來愈強烈，那麼她也會發現，只要有效地將自身的衝動能量引至選定的目標，最終便能滿足欲望。

跟青少年商議時還有一個重點。在上述對話內容裡，你會發現母親忽略了女兒厚臉皮的回應。雖然你可以慎選言辭，讓青春期子女明白你認為此時應該懂得表達感謝，卻還是無法強迫他們心存感激。不過要是你家青少女越了界：

我看妳應該是得了老人痴呆症。我說真的。上星期妳說妳會買一個新皮包給我，結果什麼也沒有，妳願意的話，只要花一點點錢買一個皮包，我就會很開心地拿來揹，可是連個皮包的影子也沒有。妳答應過我想買哪一個都可以，結果妳現在又故意忘掉。對我來說很重要的事情，妳全都不記得了。這其實跟皮包沒關係。這是基本尊重和體諒的問題。妳根本不關心我需要什麼。妳也不是真的關心我這個人。

別跟她爭老人痴呆那件事（就算你擔心她說得沒錯也一樣），別跟她爭所謂的「答應」，也別跟她爭論「不愛她」的指控。現在該離開談判桌了。請這麼說：「妳這樣子對我吼的時候，我沒辦法跟妳談。我覺得我們現在沒辦法達成共識，所以先別談這件事了。說不定我們晚一點可以再談談看。」要是你家青少女用比較尊重你的態度重提這件事，你們就可以重新討論。

第三位父母：媒體

處理青少年物質欲望的公式，其實可能很簡單：青少年想要某個東西，父母提供部分資金、要求青少年自掏腰包付清不足的部分。不過在這當中還有一股力量在運作。在孩子的世界裡，媒體和廣告公司像個迷人、有錢、還不請自來的第三位父母，而青少年的惡之衝動在面對他們耍的把戲時顯得格外軟弱。

廣告公司每年花幾千萬美元對孩子和青少年行銷商品，而且他們的錢沒白花。廣告公司投注在研究青少年的認知發展及情緒發展方面的費用，比任何一所大學的心理系所都來得多。他們的廣告手法儘管複雜無比，宗旨卻十分簡單：創造或誇大某個問題（粉刺、沒光澤的頭髮、普普通通的社交地位），並提供簡單的解決辦法（過氧化苯、草本洗髮精、性感衣服）。青少年原本就會覺得自己不夠好，而且懷抱理想主義，因此自然成了企業的最佳誘惑目標。「啊，沒錯，只要我有了X，就能變得Y。」這種操弄情緒的手段無所不在，就算父母想要保護孩子免受其影響，也防不勝防。

無論青少年上哪兒去，消費訊息都如影隨形，不只出現在電視上，也出現在網路裡。假若在Facebook上把帳號身分設定為女性，頁面裡就會出現脂肪剋星、牙齒美白的廣告；如果設定成男性，則會跳出水果酒和線上遊戲的廣告。青少年會在去上課的途中看到大型廣告看板，看電影之前會先看到廣告片段，而在百貨公司裡，商品光是擺在架上就可以自打廣告了。我在研究這個議題時，還查到要是把T恤按照彩虹的顏色順序擺放，銷售量就會低於稍微雜亂地擺放的順序。就連在學校裡，行銷也無孔不入——商標出現在計分板、田徑裝備、書籍封面上；企業也會在贊助的學校研討會裡以猛烈砲火攻擊青少年，譬如舉辦自信心工作坊的時候贈送青少年裝了粉刺軟膏、體香劑的贈品袋。

要是父母不給家中青少年上幾堂行銷心理學的話，是沒人會教他們這些事的，不過你得用點技巧。假使你貶低孩子購買名牌太陽眼鏡或緊身牛仔褲的欲望，你並不是在教導他們更崇高的價值，那麼做只是意味著你已經忘了變成十五歲有多嚇人了——當時你發現自己四肢比例怪異，或鼻子長得太大，心裡只巴望正確無誤的那個商品會把你從全身上下都不協調的怪人變成舉止優雅的可人兒。要是你針對廣告帶來哪些禍害發表長篇大論，那麼你家青少年只會覺得你是個大煞風景的虛偽人士，因為賣給你家青少年的產品其實多半很有用或很好玩，而且電視裡有些廣告比節目好看多了。

比較有效的辦法，是把自己變成歡樂消費世界裡的玩伴。當你覺得藝人很有才華，電視節目內容很精緻，或是廣告很幽默，而主打的商品又很美的時候，請跟青少年分享你感受到的快樂。拉青春期子女一起看租來的喜劇片，然後說「查克．葛里芬納奇（Zach Galifianakis）超好笑的」。當女兒結束購物之旅回到家，手上拿著她最愛雜誌裡的廣告主打商品時，請說「那件衣服超讚的」。

接下來，再慢慢告訴孩子廣告會耍哪些把戲。別聽起來一副在說教、義憤填膺或自以為是的模樣，請把自己當成正在宣布商業機密的偵探大師；請諄諄善誘家中青少年希望不被別人控制腦袋的渴望與智慧。去購物中心時，把商家擺放T恤的方式指給她看，告訴她關於色彩的擺放花招。去看最新上映的吸血鬼愛情片，然後談一談名牌商品是怎麼被放入劇情裡的。（請注意吸血鬼有多常把他那支智慧型手機掏出來查看。）看某部電影時，提議一起數數看福斯汽車出現的次數，然後解釋車商會付一大筆錢，好在電影裡偷偷放入自家商品。別太常提起這個議題，不然孩子很快就會對這首單調的歌曲置若罔聞。不過當青春期子女年紀愈來愈大時，就該討論得愈來愈深入，而最後她的能力終將達到懂得思考、選擇的成熟境界，不再只會看到東西就衝動地想買下來。

當他們弄壞這個，搞丟那個的時候

幾乎每一位青少年的父母都經歷過類似的場景：

老媽正在更衣準備出門時，發現心愛的毛衣不見了。當她從女兒抽屜最裡面翻出那件毛衣時，大為光火。「妳拿我的毛衣去穿？」她說道。「妳有很多件好看的毛衣，比我還多耶。妳為什麼不穿自己的就好？」

女兒回答：「可是我沒什麼像樣的毛衣。半件也沒有。」一番嚴謹盤問後，女兒毛衣的狀況與下落終於真相大白。一號毛衣被她帶去參加營隊，以防她想穿那件毛衣跳舞，可是後來她穿去營火晚會，結果沾上了烤棉花糖，她想用營區裡的洗衣機把毛衣洗乾淨，但那件毛衣就這樣子被毀了。二號毛衣和三號毛衣借給奧莉薇亞了，奧莉薇亞可能又借給了瑪雅。四號毛衣目前下落不明。五號毛衣髒了還沒洗。六號毛衣縮水了。基本上呢，在女兒房間裡，沒有半件毛衣可以拿來穿。

父母最常埋怨的事之一，就是青少年不好好珍惜自己的東西。青少年要去買某個渴望已久、非它不可的東西時，會興奮得不得了，但一把東西買回家後，就可能開始踩躪它。明智的父母會明白這種問題太常見，而且難以解決，勢必會經常引起口角。你反而該採取這種極端的態度：一旦你買了某樣東西給家中青少年，或是一旦他自掏腰包買了什麼東西，從此之後那樣東西就是他的。

要是你老是見到青春期子女用起自己的東西時粗枝大葉的，因而感到相當無奈，請先自問他是否清楚怎麼珍惜那些東西。青少年對數論如此拿手，或是對高一班上的社交小圈子瞭若指掌，實在教你大開眼界，不過他們可能從沒學過怎麼刮去毛衣上的毛球，也不知道汗濕的運動服堆在一起太久會發霉，現在正是告訴他們這些事的好時機。就算你在解釋怎麼用手洗衣服、怎麼烘夾克才不會變形的時候，家中青少年顯得急躁難耐，你仍是在幫助他建立起一套普通卻不可或缺的生活能力。

如果你已經教過家中青少年怎麼愛惜某樣東西，卻還是發現那樣東西快被他毀了，那麼就接受青少年腦袋裡塞了一堆事情這個事實吧。珍惜自己的東西（即便是自己心愛的東西）並非他們思緒裡的首要之務，他們也還沒成熟得足以想到明天、下星期，或下個月可能會發生什麼後果。簡單提醒他們自身行為可能會造成什麼結果，是一種體貼的舉動：「羅倫，要是你把腳踏車放在外面一整晚的話，我擔心可能會被偷走喔。」

提醒他們這些事的時候請別過於杞人憂天，還要記得那東西是他的，不是你的。如果他把黑色的新夾克借給朋友，那是他的事。（青少年雖然對你十分小氣，卻會慷慨地把心愛的東西在朋友之間借來借去的。）如果他把腳踏車停在外頭馬路上，結果半夜裡被人開車撞壞了，那是他的事。無論那樣東西多貴或多便宜，你家青少年都擁有所有權，也必須承擔後果。請別先說教、訓斥一番後，又百般不願地買個新的給他們。要是你那麼做的話，孩子就會覺得用不著太認真面對生活，反正一定會有誰隨時待命把他們弄壞的東西給修好，或是重新買一個。倘若你讓他們犯錯後親身體驗結果，現實就會給他們上一課，而他們終將學會在難以抑制的衝動以及擁有先見之明、懂得留意細節、妥善規畫的成熟認知能力之間保持平衡。

請鼓勵青少年自行處理問題，並容許他們用匪夷所思的辦法去解決問題。要是兒子決定摺紙鶴賣錢，好攢錢買一部新腳踏車，那很好；要是他想讓朋友在自家車庫幫他修腳踏車，那也很好。你可以隨時應他要求給予建議，或是在可允許的情況之下幫忙，不過別剝奪了青春期子女發展應變能力的機會。當然，要是你家青少年老是把自己的東西弄不見或弄壞了，就讓他知道你以後買東西時會把她這種粗心大意的情況納入考量，而如果他拿了你的東西卻沒好好愛惜，此後便喪失了跟你借東西去用的特權。

爸媽全能服務中心

媽，星期六晚上妳得載我去阿莉莎辦的派對，妳只要讓我在她家外面下車就行了，好不好？妳不用待在附近晃。差不多十一點來接我就好。

嗯，我知道我應該想得周全一點的，可是我明天上課前一定要把地質學的田野報告裝訂好。我打電話去松樹街一家影印店問過了，他們可以幫我趕工，只多收十五美元。露西上完芭蕾，妳接她回來的路上會經過松樹街對不對？妳可以幫我拿報告去影印店，然後再順便幫我拿回來嗎？我會再把錢還妳。

青少年的惡之衝動會對你提出攻勢積極、刻不容緩、難以拒絕又辭采華麗的要求，你可能會發現自己實在很難不乖乖栽入那令人惱怒的陷阱裡：地質學的田野報告耶，應該很重要吧？這下可好，看來我不幫她拿去不行了。決定什麼時候心甘情願地幫他們忙，什麼時候該以溫和的口氣回絕，著實是一大挑戰。青少年對大人提出要求時如果不學著拿捏分寸，反而可能會發展出焦慮、長期感到不滿的症狀；他們會不懂得自行事先做好規畫，也不知道怎麼不靠別人幫忙而滿足自己的各種欲望。

如果青少年要你幫忙，那麼我建議你在回應的時候，採用跟他們要你買某樣東西時一樣的標準。如果要求合理，就幫個忙吧。如果這是偶爾發生的狀況，就把它視為一個機會，讓你能對一名值得受幫助的年輕人伸出援手。不過倘若那要求太累人，或者是怠惰或拖延惡習所造成的後果，就試著用其他辦法解決吧。所謂的其他辦法，或許是讓你家青少年由於沒事先規畫好而承受後果——譬如因為太晚去拿裝訂好的報告而導致成績被扣分，還要自己付多收的影印費。倘若你家青少年要求特別服務的症狀已病入膏肓，那麼或許你只要稍微調整自身態度便能減輕他的病情。你或許常會不禁想要跟那位自私自利的青少年聊聊他最愛的話題（也就是他遇上什麼麻煩了），以便跟他維持良好關係，不過請小心避免讓他自以為無能為力、必須時時有你在一旁提供協助。請仔細看看以下這種互動方式：

母親：欸，今天過得怎麼樣？你早上好像累翻了，今晚早點睡吧。你有用空堂的時間把那份童軍報告寫完嗎？對了，你的腳怎麼樣了？馬爾斯老師有准你坐在一旁，不用上體育課嗎？

兒子：我覺得不大舒服。我還是很累，腳也還在痛。妳可以幫我去圖書館找個可以用在那份報告裡的書面資料來源嗎？妳回來的時候，我可能就會覺得好多了。

然後跟下面這個例子比較：

母親：欸，今天過得怎麼樣？我今天超忙的，但是過得還不賴，而且明天就是星期五了。你呢？報告寫得怎麼樣了？

兒子：嗯……（他想拜託母親去圖書館幫他查資料，但是她說她今天過得超忙，於是他決定三思而行）……那份報告寫得……呃，還不錯，可是……還沒寫完。明天下課後，妳可以載我去圖書館嗎？我那份報告還欠一個書面資料來源。

請注意，第二位母親的連珠炮跟第一位母親稍有不同。她關切彼此的生活，沒把焦點集中在「你感覺怎麼樣？」而是加入了另外兩件事：她這一天過得如何，以及兒子的專題報告寫得怎麼樣了。這種問法令人感到溫暖、貼心，卻沒把他所有的重要事項當成整個世界的重心，因此並不會加重他愈來愈自我中心的傾向，這麼一來，就不會導致孩子利用老媽。我們身為父母，可以既對孩子體貼和氣，另一方面也相信孩子並不需要我們整天忙不迭地幫他們做一堆事情。

以社區服務消弭自我中心的態度

社區服務能夠有效消弭青少年自我中心的態度。當青少年為他人服務時，便會把焦點從自身轉移到別人的需求上，譬如唸課文唸得結結巴巴的小學四年級學生，或是想要從網路上下載孫子照片的長輩。當青少年在掘土、拔雜草、清洗、種花草、敲釘子、拖地、煮飯、朗讀文章、唱歌，或是搭蓋東西的時候，便有機會逃離自身——逃離想得太多、逃離自我關注、逃離自我懷疑。這是他們喘口氣的機會。

由於美國中學多半會要求學生參與社區服務才能畢業，因此父母真正必須思考的，並非是否要鼓勵青春期子女志願參與服務，而是如何協助他們評估、比較各種志工服務機會的利弊。在選擇能讓孩子去自我中心的志工服務時，可從以下幾種方面去考量：

避免膚淺的「做做樣子」服務

先前我提醒過各位讀者，大學的招生委員看得穿遠赴非洲或其他國家當志工的花招（那類志工服務通常跟受到嚴密保護的文化觀光旅遊沒什麼兩樣），不過離家近得多的地方也有唬人的志工把戲，所以你一樣得當心。

某所高中的學生只要帶廢手機去學校回收，就可以拿到社區服務的學分，雖然那樣做也算是有所貢獻，不過卻絲毫不費吹灰之力。在另一間高中，學生可以報名幫忙單親媽媽粉刷住家。他們一到單親媽媽家，就被招待餅乾和現做的大份三明治，他們用不著把牆角板、天花板、窗條貼上膠帶，只要拿大油漆刷隨便漆一漆牆壁便可交差。他們可以聊一堆八卦，開開心心地過一個下午。校車才剛載著他們開走，另一組專業油漆工就抵達單親媽媽家，來確確實實粉刷一番。結果志工計畫變得毫無意義可言，因為那只是為了青少年的學分而想出來的，是為了滿足他們的社區服務需求、為了讓他們度過一個愉快的下午，並非為了服務他人，也不是為了別人而犧牲自己。

鼓勵孩子擔任定期關懷志工

志工服務最有意義的部分，便是能慢慢建立起人際關係。我和同事都深刻體會到，心理諮商過程裡有許多事情皆會令人感到樂在其中，而其中之一便是能在諮商時段拋開心頭掛念的任何事。固定的會晤時間、受案主全心信賴的特權、聚精會神地專注在他人需求上（儘管為時短暫，卻全神貫注），這一切都教人心馳神往。當青少年一次次地拜訪相同的對象、為其服務時，便得像心理醫生一樣先學會對方的語言。他可能完全沒見過對方那種互動方式（包括詞彙、習慣、速度、節奏），得一次又一次嘗試、犯錯後，才會懂得怎麼與對方溝通。當彼此建立起關係後，對方便會認識他、記得他，並等著他再次出現眼前來協助他們、陪伴他們，而這個孩子將必須履行為其服務的承諾。

當你家青少女輔導的孩子說他哥哥被派去伊拉克打仗，當你家青少年固定訪視的老人終於學會發電子信件，或學會發信時附加照片，你家孩子的心之所繫便不再狹隘。剛收到的簡訊內容寫些什麼、歷史期末考會不會考得很糟，這些事的後設意義都會在他腦海裡暫時被排到後頭去。有那麼片刻，他會發現不再滿腦子都只有自家事的感受是多麼的自由。

當然，並非每一位青少年都有時間付出那麼多心力，而某些有意義的短期志工服務亦有其價值可言，譬如四處回收舊腳踏車，修理好後送去愛心之家。「媽，我今天幫了幾個小孩子。有一個小男生看到那些腳踏車的時候都哭了呢。」

讓孩子脫離自在的熟悉範圍

參加陌生場所的服務計畫，可消弭偏見及負面看法：

我剛到養老院的時候，很討厭裡頭的味道，而且大家都像植物人一樣呆在椅子上，感覺很詭異。後來我認識了亞爾，我們聊到他這輩子第一次聽的大型演唱會，聊得超開心的；還有一個阿嬤，她手臂上有個數字刺青，她告訴我們，在她六歲時，姊姊是怎麼跟其他一堆孩子一起從德國被送到英國的。

讓孩子弄得滿身髒吧

許多社區服務都得幹粗活，然而做完後體魄卻變得更強健了。花了一整天採葫瓜、幫忙社區鋤花園裡的硬土，或是清理了一公里半的海灘，你家孩子確確實實為社會奉獻一己之力後所佩上的獎章，是起水泡的手掌和又痠又疼的腰背。參與「灰頭土臉」的社區服務後，青少年會得到什麼？他們會明白自己身體比原本想像得更強壯，會明白安全的世界比原本所知的更遼闊、更有趣，也會明白儘管有些事情狀似危險，令人卻步或令他們擔心自己力有未逮，但是他們其實完全應付得來。

讓孩子跟其他青少年一同當志工

全家一起當志工，是心理學家所謂「極佳化」（maximizing）的例子之一，這種概念雖然不錯，卻往往令人覺得難以真正落實。青少年喜歡參與能享有特殊待遇的志工服務（可以使用電動工具，可以把自己弄得一身髒或是去陌生社區服務），或是在當志工時別有一番感受（大夥兒一邊粉刷遊戲園地，一邊唱歌，或是滿心柔情地照料動物）。當父母在場時，那種興奮感可能會被削減，而被喚起的自我意識則可能把熱情洋溢的愛意和柔情蜜意全都壓抑下來。

自戀的健康父母

有一則糟糕的老笑話：要有幾位猶太母親才能換燈泡？一位也不用，我沒事的。我就這樣坐在黑暗裡就行了。

父母職責的主要內容就是為了孩子而犧牲，然而有效地教養子女並不包括疏忽了自己。青春期子女的衣服又新又亮麗的同時，你自己的衣服是否都褪色、過時了？你是否每天開車載孩子去練球，卻把醫生要你每天運動三十分鐘的建議當成耳邊風？你是否就算生了病、就算疲憊不堪，也要為孩子做一些重要的事？如果你家裡的勞力單向地流動，那麼現在該是時候讓它回流一些了。

要求青春期子女幫忙

家中青少年可能不會自動自發地想到要幫你忙，所以請你這就開始教他們吧。示範一下怎麼自個兒弄點吃的、喝的給他們看，還要告訴他們有時也該動手幫忙；可能是倒一杯加冰塊的飲料給你這種小事，也可能是下廚張羅幾道菜色這種大費周章的事情。要求他們幫你做點「家庭作業」，譬如逢年過節寄卡片時寫賀卡地址、曬被子、買電池（注意喔，要買四號的，不是三號）。你生病時，請讓家中青少年擔任看護，為你送來面紙或熱茶；你準備好要出門旅行時，請讓青春期子女幫你把旅行箱提到樓下，就算你力氣夠大、可以自己來也一樣。對你而言，讓他們有機會幫你忙，比展現你年輕強健的體魄還重要。一開始先別指望青春期子女會技巧純熟，或是熱心地幫你，然而只要你持續要求家中青少年幫忙，他們終將學會去留意別人有什麼需求，即便身處於荷爾蒙、情緒、疏離的層層迷霧之中也一樣。

好好打扮自己

你有充分的理由花錢幫孩子買衣服，卻不為自己添購新衣。他們的衣服老是趕不上身體成長的速度，所以必須不斷地買新牛仔褲、新鞋子、新外套；他們得擁有特定玩意兒，才能融入學校裡的小團體；他們得有時髦、閃亮的衣裝穿去學校舞會。對某些父母（當然不是所有的父母）來說，買東西給孩子，自己卻省吃節用，可說是已經習慣成自然了，尤其是當中年緩緩降臨，在百貨公司試衣間燈光的無情照射之下，你實在很難相信在全身鏡裡見到的身影，很難絲毫不感猶豫，很難決定到底哪一件穿起來才好看的那個當下。

可是，如果父母穿著老舊、不顧自身需求，那麼青少年又為何要變得成熟、長成大人呢？猶太傳統教導我們，自我節制或是讓自己顯得憔悴，皆非虔誠的行為；偉大的猶太哲學家摩西．邁蒙尼德寫道，學者不應居住在沒有香水舖、沒有竹籃店的城裡。請給自己一些打扮亮麗的權利，藉此為家中青少年打一劑特權預防針。請從家庭預算裡合理地撥一點費用來裝扮自己，買幾件漂亮衣服、好好打扮一下。當孩子見到你認為自己值得被好好珍惜的時候，就算他們還是會貶低你的品味，卻依舊會自然而然變得精神抖擻起來。

嘗試、犯錯，以及有益的欠缺

「不斷被滿足欲望」，是「知足」與「感恩」的大敵。美國的史隆基金會於一九九九年針對青少年滿足感進行的一項研究，證實了這種看法。[22]研究結果顯示，青少年的快樂感與父母收入成反比。工人階級家庭的孩子最快樂，而上層中產階級家庭孩子的快樂感最少。原因何在？——擁有各種特權的孩子由於缺乏深切的渴望，最終也就缺乏深切的滿足感。

「有益的渴望」這種觀念談起來簡單，做起來卻不容易。母親要怎麼確定孩子在哪些情況下會受惠於有益的欠缺，而自己什麼時候又該大方一點，買東西給他們或是幫他們跑腿、解決問題呢？我們來看看某位高三生在大日子裡遇到了什麼事吧。

此刻是下午三點，拉娜該換衣服準備去參加畢業典禮了。當她打開衣櫃去拿事先跟媽媽為了這個大日子在香蕉共和國（Banana Republic）買的那件洋裝時，卻發現衣架上掛的是

22 Suniya S. Luthar and Bronwyn E. Becker, "Privileged but Pressured? A Study of Affluent Youth," Child Development 73:5 (October 2002): 1593-1610.

一件迷你版。她馬上就意會過來這是怎麼一回事了。上星期拉娜穿了新洋裝去跳舞（「畢業典禮前只穿這一次，我發誓，就這一次，這件超好看的！」）她很晚才回到家，累得把洋裝往地上一扔就倒在床上了。星期三早上，媽媽提醒她那天稍晚幫佣會過來打掃房子，於是拉娜匆匆把一堆衣服塞進洗衣籃就趕去上課了。那件洋裝和其他深色衣服一起丟進洗衣機洗，結果縮了水。拉娜能穿去參加畢業典禮的唯一選擇是什麼？——一件舊洋裝，既不夠雅緻、不夠特別，也不是新的。

「一號媽媽」會怎麼做呢？當拉娜穿著舊洋裝下樓來，告訴她新衣服怎麼了的時候，一號媽媽完全不提拉娜的模樣如何，只是抱了抱這位垂頭喪氣的女兒，說她畢業的這一天實在令人引以為榮。不過她心裡是這麼想的：

這孩子顯然還沒學會要在大事之前把該有的東西全部檢查一遍……也還沒學會要把好衣服掛起來，而不是丟在地上。我顯然該讓她開始自己洗衣服了。我要叫她用保姆費把那件洋裝的錢還給我，還要關了她的 iTunes 和學校福利社的帳戶，直到她證明自己更有擔當為止。她那麼不愛惜我們買給她的東西，老是弄壞了又要我們買新的。不可以再這樣子了。真是夠了。

「二號媽媽」也抱了抱她難過不已的女兒。「媽，沒關係啦，」女孩說道。接著二號媽媽撥了電話給當地的每一家香蕉共和國分店，找到了正確尺碼的這件洋裝，在偌大、陌生的購物中心裡飛奔，並在終於拿到這件洋裝後，十分有禮地詢問銷售人員能否把它燙一下，好把起皺的地方燙平，接著剪掉商標，再次在購物中心裡狂奔，及時回到家讓拉娜換好衣服、跳進車裡、趕上畢業典禮。拉娜感激得熱淚盈眶。

洋裝事件並沒有什麼正確的反應方式。在你教養青春期子女的每一天裡，孩子都會發生新的事件，你也會在她的性格卷宗裡斷斷續續地增添內容，不過任何單一事件都不足以讓你評估她有多成熟，或判斷你是不是已經把她給毀了。當孩子要求你給予某些東西、幫某些忙，或是希望你伸出援手時，你可以評估他有多常提出要求、要求得有多懇切、持續要求了多久，藉此來決定該當一號父母還是二號父母（或是三號父母、四號父母……）。一號媽媽斟酌了女兒長期以來缺乏責任感以及「買這個給我、買那個給我」的態度，對她而言，畢業典禮當天的慘況是最後一根稻草；二號媽媽則看到女兒似乎為自身處境負起了責任，於是心想：她能穿去派對的洋裝很少，而且她也從來沒抱怨過得老是穿一樣的衣服。今天是畢業典禮耶！我何不想辦法幫她一下？

請想一想，自已在緊要關頭和日常生活兩種情況裡分別會怎麼做。用你的怨恨測量計測看看吧。你家孩子是被過度滿足了欲望，還是落在青少年對事物的正常欲望範圍內？他是因為遇到棘手問題了，所以才請求你協助嗎？他是否感激你幫忙呢？要是你從沒做過類似二號媽媽那種慌慌張張地在購物中心裡狂奔的舉動，那麼你家孩子或許會認為你從未體貼過他，可見他這個人一點價值也沒有。但如果你**老是**在購物中心裡狂奔，那麼你可能不是在讓孩子長大，而是在透過關懷貼心的舉動讓他漸漸失去行為能力。讀到這一段時，你可能開始擔心：糟了，我做的都跟二號媽媽一樣，可是我家孩子明明是一號女兒！不過犯錯是應該的，也是有益的。正如青少年會從嘗試、犯錯、犯錯、再犯錯當中學習，父母也一樣。

對青少年來說，通常「愈少愈能有所得」。當孩子要求擁有的特權太超過時，你可以複誦任何一句話來堅定自己拒絕的立場。創造力愈受限便愈茁壯。十四行詩總共有十四行，俳句卻只有三行。幾絲水流沒有沖激力，一道水柱將更有力量。或是想一想《紐約客》（*New Yorker*）刊過的這則單格漫畫吧：一位母親正看著十幾歲的女兒，女兒坐在地上，四周散落了一堆東西：電吉他、毛線球、棒針、一小段織好的毛線料、電腦、兩本書，還有畫架。母親內心獨白：「要是妳創造力的出口少一點，說不定會迸發出更強勁的力量呢。」

不過請謹記在心，青少年為了離開你，並創造出新自我，就必須自戀。再看一下自戀型人格障礙定義的某些細項吧：認為自己很重要；幻想自己成功、有權力、有才華、容貌出眾，或是擁有理想的愛情；認為自己「很特別」而且獨一無二。只要這些特質沒太過分，便能讓青少年成長得更茁壯。

CH6

教孩子解決問題的父母有福了，因為你能讓他們從判斷錯誤與壓力中學習

美國的大學校長常用「茶杯」這個稱號來代表被保護得太好、抗壓性低的新生。遇到挑戰時，這些茶杯不但不會迎向挑戰，反而會裂成碎片：

我那個酒鬼室友每天都半夜兩點帶男朋友回來，一起鑽進床上。我只能拿枕頭蓋住頭，忍著別哭出來。

我以前都會買潛艇堡帶回房間當晚餐，因為我覺得一個人坐在那邊吃很怪。可是那裡的員工好像認為我這樣子很奇怪又很悽慘，所以我現在都在福利社買拉麵回去微波。中午我就吃營養棒。

我覺得我不應該上西班牙文課。老師教得太難了。我知道就算跟老師講也沒用。

我本來想要去藝術雜誌社打工，可是我去面試後，覺得不太喜歡那邊的人。我不要去了。窩在宿舍裡打〈縱橫諜海〉也不錯。

若這些茶杯得想辦法解決從未遇過的處境便會被嚇得呆若木雞，最後帶著頭疼、胃痛、失眠、飲食失調等毛病前往保健室。他們疏遠其他學生，空堂時就窩在宿舍裡，再不然就是用一堆功課讓自己忙得精疲力盡。應付不了大學生活，念完一個學期後返家的大學新生與日俱增。我認識一位年輕女孩，開學才沒幾天，她就打電話回家給媽媽，語帶哽咽地說：「妳來帶我回家好不好，這裡的浴室好噁心。地上的磁磚縫好像長了黴菌。」浴室長徽這種情況（其實只要在水裡加點漂白水後拿來刷地板就可以輕鬆解決，或是乾脆別管它）意味著她進入了另一個世界，在那裡不會有人確保她的生活環境乾淨、安全、受到保護。幾個星期後，這位女孩便就此打包回家了。

我們要怎麼避免為了保護孩子，卻讓他們陷入如此危險的脆弱狀態？要是我們想教出懂得解決問題的年輕人，就得讓他們還在青春期時就有問題可解決。然而願意讓孩子面對困難的父母愈來愈少了。父母通常會讓孩子忙著做那些有大人照管的事，如此一來，孩子就沒時間惹出麻煩來；父母也可能會急著解決問題，而非把問題留在自家青少年顫顫巍巍的雙手中。要是老媽認為凱拉的男朋友配不上她，就會硬是要發表自己的一番見解，說不定還會打遍鎮上每一戶人家的電話，好找出一個比他好的男生。要是傑克上幾何學時不敢舉手請老師解釋他不懂的概念，家長就會幫他找一位平易近人的家教。亞麗耶拉第二次在學校停車場出了小車禍後，父母付清了雙方的修車費用，還讓焦慮不堪的亞麗耶拉待在家裡泡澡舒緩心情，不用去幫奶奶祝壽了。丹尼爾的爸媽不讓他晚上開車出門——天曉得出去可能會遇到什麼樣的瘋子呀？

讓青少年完全不受保護地獨自面對青春期的考驗，對父母而言或許太過殘忍，不過父母若是令青少年認定自己太軟弱或太脆弱，學不會怎麼撐下去、怎麼解決爭執、怎麼忍受沒遇過的處境、怎麼與官方作風協商，對他們來說也不是好事。在引導孩子與克制自己之間，究竟該如何拿捏？以色列人民離開埃及奴隸日子的故事，能帶給我們一些啟發。

出埃及記敘述，當以色列人民跋涉時，上帝「在白晝時顯現為雲柱……在黑夜裡顯現為火柱」。當家裡的孩子在青春期的曠野裡徘徊時，這幅美麗的景象也可供父母效仿。你就像上帝一樣，隨時準備在他們需要時給予蔭庇及光明，然而大部分的時候你都置身事外。你保持適當距離。你插手之前先稍待片刻，看看孩子能不能自己解決問題。你讓他去親身經驗沒好好做決定因而自然發生的後果，讓他擁有犯錯的自由，就算他犯的是大錯也一樣。

讓青少年承受有益的苦惱

要是你希望讓孩子趁離家之前學會怎麼獨立生活、如何正確判斷，那麼他們現在就得去體驗「有益的苦惱」。換句話說，當孩子遇到青春期裡麻煩卻正常的問題時，父母不該把他們保護得好好的。諮商時，如果父母問「我該拿我女兒歷史課的那些惡劣女同學怎麼辦才好？那個作業出太多的生物老師呢？那個把我兒子從球隊裡踢出去的教練呢？期末考讓我女兒慌得不得了，怎麼辦？」我通常會回答：「眼下什麼事也別做。讓情況自然發展，讓孩子自己解決問題。」

青少年感到無聊、孤單、失望、挫敗、不快樂，是有益的。他們遇上一個脾氣暴躁、愚昧、無趣的歷史老師，是有益的。女兒最要好的朋友很膚淺、很霸道、很賤，是有益的。他們有時當板凳球員，甚至有時為了愛而心碎，也都是有益的。

為什麼？因為他們念大學時，絕對會遇到一個很膚淺、很霸道、很賤的室友，或是未來某天勢必會遇到一位脾氣暴躁、愚昧、無趣的教授或老闆。因為他們長大成人後，會遇到失望透頂的處境，無論是在工作時還是私人生活裡皆然。因為我們希望他們盡早學會應付難搞的人、面對難受的情緒。因為當孩子離家時，我們會希望他們已經熟悉了情緒波動的模式：我本來心情不好，可是現在呢，因為我已經和朋友聊過了／去慢跑了／跟教授談過了／睡了一覺／把帶男朋友回來過夜的事情跟室友攤開來談了／編了一份計畫來加強足球技巧／去過保健室了／把一些功課做完了，所以我現在感覺好多了，而且這種情況完全跟爸媽沒關係。

當我們插手，不讓孩子由於處境棘手而感到痛苦時，我們就是在製造出一種本能反應：每當孩子覺得難過或困惑、挫敗或失望的時候，就會認為自己對抗不了那股感受。要是青少年沒機會去釐清那股糟糕的感受或碰到的那個問題，沒機會去學著處理狀況、面對問題，那麼他們離開家去上大學之後，就會去找到能讓痛苦迅速消失的好法子——也就是不真正去解決問題，反而用否認、酒精、藥物、性愛、誇張的戀愛模式、狂熱工作，或天天打電話回家等等方式逃避問題。

當然囉，青少年不會讓你就這樣輕輕鬆鬆地放手，好讓他們去親身體驗那些麻煩事。

青少年雖然表現出一副很想獨立的模樣，但實際上卻會老練地把困境誇大成危機，好讓老爸老媽出手相助：

康菲爾德老師都忘記提醒我們要考試了，怎麼還會覺得我們應該有念書？要是你不幫我去跟康菲爾德老師談，我就要找馬汀教練跟他講。不行，我沒辦法用空堂準備考試啦！我有一堆事要做，根本擠不出時間來。我們要開校刊會議，我還預約了語言教室要用，而且你應該也會希望我**有時間吃個幾口午餐**吧？

媽，我現在就是沒辦法接受戴倫跟貝卡約會。我應該哭了有兩個小時了吧。我眼睛腫成這樣，哪能出門去顧小孩。這樣超丟臉的，而且如果藍先生、藍太太提到任何一丁點事情讓我想起此時此刻我生命裡發生了什麼事，我一定會在他們面前大哭特哭。我得待在房間裡，自己一個人。妳可不可以打電話去藍家，跟他們說我今天晚上不能過去幫他們照顧孩子了？

若你想要成功克制住幫他們解決問題、撫慰他們情緒的衝動，若你想要讓那些自我欺哄、極度戲劇化的青少年安然度過難關，你就得把對策準備好，以便隨時運用。

靜待事件平息

青少年遇到的問題可能有燃眉之急，那熊熊火焰燒得劈啪作響，但緊接著卻瞬間熄滅。卡蘿・艾略特在某間女校擔任七年級老師已經很久了，她告訴我，學生母親常會為了女孩子之間發生的狀況打電話給她：「喬安娜因為琳賽和阿蕾珊德拉對她做的那些事情，難過得不得了！」卡蘿說自己學會了要傾聽，但不急著去做些什麼。「等我弄清楚發生什麼事的時候，已經風平浪靜了。學生會說：『妳在講什麼我聽不懂耶。』」

倘若父母對正常的青少年生活經驗所做出的反應暗藏著焦慮，（「她那樣子真的很糟糕！我本來以為琳賽這個朋友是可以信賴的！」「辛格老師怎麼可以讓你擔任交響樂團的第三席？他明明知道你試奏的時候表現不好是因為你那時候太累了啊！」）那麼他們就是在傳達一種訊息，亦即生活裡不容正常的起起落落。你太過緊張的反應也可能會讓青春期子女認為你應付不了他們悲傷、困惑的感受，或差勁的抉擇，而他們未來想要對你傾訴心事時便會變得較含蓄謹慎。

對他們抱持同理心，但別把自己也捲進去

雖然孩子帶著麻煩來找你時，你不該整個人抖得像個情緒音叉一樣，但也該避免做出另一種極端的反應：不把他的情緒當一回事。我問過兩個十九歲的青少年，當他們十四

歲，為了愛情而心痛時，父母該怎麼做才會讓他們覺得好過一點，他們回答：「別說什麼『反正你又不是真的在談戀愛，你還小啦。』」我得警告父母不要說些「別再因為進不了球隊悶悶不樂了，反正參加足球校隊對你來說也沒什麼好處。快點到客廳來，我來告訴你為什麼」之類的話。

相反的，請你在避免捲入青少年的失望情緒當中的同時，也展露出同理心。雖然你該關心他發生了什麼事，還要體貼他的感受，卻用不著驚慌。你可以說，哎呀！或噢！或唉！或聽得出來你為了這件事很煩惱／很難過。或這種事真的會讓人不知道怎麼辦才好。多花點心思傾聽，讓你家青少年有機會發洩、傾訴。倘若他們開口要求你幫忙，請用引導式的問句，表現出你相信他懂得運用手邊各種可用的資源：你打算要怎麼處理呢？或是你想要試著怎麼做呢？你試過哪些辦法了？有沒有用呢？接下來要怎麼做？請盡可能讓青少年自己找出答案。

如果你家青少年顯然很痛苦，卻不想對你傾訴這種悲傷，那麼你該怎麼辦呢？有些青少年（尤其是男孩）會以默默忍受的方式去回應令他失望的處境。這幅情景令人心疼，甚至比女孩子驚天動地的嚎啕聲更令人難受，使得父母不禁希望此後能永遠不再讓孩子感到失望。請試著用較間接的方式陪伴這些緘默不語的受苦靈魂吧。你無法強迫兒子開口說話，卻可以為他準備一些吃的，主動開車送他去某些地方，在家裡時，看他人在哪兒，就去那兒找些家事來做，或是邀他去投籃，這樣一來，要是他投給你對話的一球，你就能接住這一球了。接下來你便可以像對待滔滔不絕地抒發情緒的青少年一樣，以同理心和信心對待這位青少年。

教導他們以平常心看待挫折

當塵埃落定，你家青少女的感受不再那麼椎心刺骨時，請讓她明白遇見挫折是很自然的；請告訴她以前事情沒按你預期般發生的那些情況，告訴她你是怎麼應付過來、事情最後又是怎麼收場的。

鼓勵他們找其他大人幫忙

大學裡的行政人員常常抱怨，青少年的問題明明小如雞毛蒜皮，家長卻老是如臨大敵般介入；而學生似乎不懂得或不願意腳踏實地解決難題，他們不找教授或宿舍輔導員談一談，就連生病時也不去保健室看醫生。這些行政人員指出，其實學會跟家長以外的成年人建立關係的孩子，在大學裡的表現比只靠父母幫忙的同儕來得優秀。

請告訴你家青少年，當人們有禮地及早提出要求時，成年人其實很樂意伸出援手。對某些青少年而言，這可能意味著找某位教練、某位朋友的父親或母親，或某位神職人員來當自己的心靈導師，不過由於青少年的世界以學校生活為主，因此許多問題是在學校發生的，所以直接找老師談談通常便能解決問題。你家孩子可能會覺得找老師談很奇怪或很丟臉，不論上課時究竟發生了什麼事，他都可能會要你別管，只要幫他找個家教就好。不過仰賴老媽找來的家教，跟自行與某位老師溝通協調比起來，實在有天壤之別；知道私人家教會在下午四點半準時出現在家門口的孩子，並不需要鞏固自信，好在下課後去找十分忙碌的老師談作業量是否出得太多，或是舉手說：「韋柏老師，我聽不懂。可不可以請妳再解釋一次？」

當孩子不願意找老師談的時候，你可以這麼說：「去找老師的學生（我知道這不容易）會表現得比較好（我知道這不容易），因為老師知道這些學生是真的想要解決問題（我知道這不容易）。」就算你家孩子全然拒絕找大人幫忙，你也已經把這種做法埋入他的腦海裡。或許他大一或大二的時候，那顆種子便會發芽了。

請展現出相信青春期子女能夠解決問題的態度

青少年遇上緊急狀況時，經驗豐富的父母很容易奮不顧身地跳進去。我們自認為非常清楚怎麼樣解決問題對每一位當事人才算最好。挽起袖子來之前，請先讓你家青少年有機會展現應變能力、讓你大開眼界吧。只要你表現的態度是相信青春期子女掌控得了大局，那麼你所擔心的許多問題自然會迎刃而解。以下這種場景便是典型範例：

賈柏拿到新車後第三天，打了電話給母親。「我迷路了，」他在電話裡說道。「油快沒了，而且我覺得這附近不怎麼安全。」

賈柏的母親謝拉說：「沒關係。你冷靜一點。開去最近的路口，停下來，然後告訴我街名。確認一下車門都有鎖好。我們已經開著越野車去找你了。這輛車再安全不過了，簡直就跟裝甲車一樣。等一下我先載你回家，你老爸會幫你把車開去加油。」

坐上越野車後，賈柏對母親說：「我跟妳說過我要一支有地圖功能的 iPhone！」次日謝拉就買了一支給他。

謝拉的用意良善，卻沒先考慮過賈柏有沒有能力解決問題，便出手相救。謝拉原本可以讓事情這樣子發展的：

賈柏：媽，我迷路了。油快沒了，而且我覺得這附近不怎麼安全。

母親（深吸一口氣）：我不知道駕訓班有沒有教過——如果油全用光的話會傷到引擎。你回來前要先把油加好。

賈柏（氣憤口吻）：媽！我跟妳說過我要一台衛星導航系統。

二十分鐘後，賈柏到家了。車子加滿了油。

母親：賈柏，回來了呀。我們講完電話後怎麼了？

賈柏：噢，我找人問哪裡有加油站。然後我問加油站的人大馬路的方向，而且後來我想起來我之前在車裡放了一份地圖。

若想要讓青少年鍛鍊出生活能力以及城市街頭的生存智慧（這也可說是他們腦袋裡的衛星導航系統），你就非常需要「*bitachon*」——信靠上帝，來助你一臂之力。既必須信靠上帝，也必須信賴上帝的孩子。在這個時候，信靠上帝的意思是：父母盡自己的本分，亦即積極、負責地建議或從旁協助孩子，但僅此而已。

這代表了就算你家孩子沒像你期望那般妥善地解決某個問題，你也不會把這種結果當做是被上帝判定你教養能力不足。請相信孩子能夠從親身經歷裡發掘出當中蘊藏的價值，還能了解未來遇到類似情況時可以怎麼做。

區辨鬧劇與緊急狀況

我第一次聽到這個衛星導航系統的故事時心想，賈柏是個強壯的大男孩，開車晃得也沒離家太遠，謝拉怎麼會認為兒子遇上了生命危險了呢？父母該如何區辨眼前情況是需要馬上介入的真實危機，還是只是令人感到焦慮的處境？

處理跟孩童有關的狀況時，我會建議父母把「緊急狀況」這個用詞侷限於三種情況：

心跳得很快時；孩子發高燒時；骨折時。而身體是否遭受危險，或者是否極可能遭受危險，仍然是可供青少年父母判斷的良好指標。處理跟青少年有關的突發狀況時，如果最明智的處理方式是打一一九，那麼你便能確定眼下是真的遇到緊急狀況了。房子起火了？出車禍了？被人攻擊了？酒精中毒了？這些時候你都該介入。此時該做什麼就做什麼，還要毫不猶豫地對外要求幫忙。你也該讓青春期子女明白，只要是遇到了危險得幾乎該撥一一九的任何情況，都隨時可以找你幫忙，譬如從派對回家的唯一選擇是讓一個酒醉了的友人開車，譬如夜深時朋友惡作劇地拋下她，把她留在陌生街區裡，譬如他在女友家後院赤腳跳舞時在腳上劃出了一大道傷口。

當你家孩子要你去找他，好讓他從某種糟糕的處境裡脫身，但你並不清楚究竟發生了什麼危險，此時請留意他的嗓音或舉止。真的遇上緊急狀況的時候（例如第二次世界大戰時倫敦被轟炸、南加州發生了一場大地震、大馬路上發生了一場嚴重的車禍），我們會安靜下來。我們會降低嗓音。臉上會失去血色，變得慘白。我們不會誇大其詞。但是當我們在誇張地描述某種場景，好把情況弄得更混亂時，行徑就會完全相反。我們會盡己所能地誇大情況，會大聲喊叫，會面紅耳赤，會語無倫次、手忙腳亂。要是你家孩子在手機裡誇張地大聲嚷嚷，那麼情況或許並不若他當下認為的那般嚴重。要是他臉色變得慘白或是壓低了嗓音說話，那麼就算他沒直接開口要你幫忙，你仍該想想他是否正迫切需要援手。

當青春期子女惹出問題時，請任其承擔後果

讓孩子承受有益的苦惱，意思是別在孩子及可能為其引起問題的人或處境之間豎起屏障。若是父母讓孩子在惹出問題後自行擔起全部責任，那麼這種苦惱最能讓孩子受益良多。以下的對話是我從一位高中校長那兒聽來的，相當發人省思：

傑克是一個又高又壯的高二運動健將，某天他把車鑰匙往學校屋頂扔著玩，聽著鑰匙往人行道滑落時的琅璫聲。他扔個不停，直到某一回手氣不好，鑰匙卡在屋頂上為止。

傑克衝去校長辦公室報告現況：「校長，我的鑰匙在屋頂上！可不可以請您叫工人來，讓他們架梯子上去把鑰匙拿下來？我四點要練球。」

校長抬頭看著他，不慌不忙地回答：「這可沒辦法，他們已經下班了。不過他們春天的時候會清雨水槽，到時候一定找得到你的鑰匙的。」

「可是校長，我不是在跟您開玩笑。我是先發耶。我剛剛還看到小皮在工具間附近工作。您可以叫他幫忙嗎？」

校長和和氣氣地回絕後，傑克打電話給父親。令他氣惱之至的是，老爸居然笑了出來。「校長比我厲害多了，」他說道。「你自己想得出辦法的啦。」

最後呢，校長允許傑克借用工具間鑰匙。傑克打開工具間，找出了梯子架好爬上去，

然後嘟噥了不少話、也費了不少力氣後，終於拿到了鑰匙。他練球遲到，教練罰他星期五晚上的比賽第一節不能上場。據校長所知，傑克後來再也沒扔鑰匙玩了。

我很愛講這件事，因為這不僅是父親支持校方做法的好例子，也因為傑克他老爸說得沒錯：讓青少年自個兒承擔由於判斷錯誤而導致的後果，得有一副鐵石心腸。許多青少年（特別是女孩子，不過有些男孩子也一樣）把生活視為劇場，還會老練地分派一個配角的角色給你。要是你不配合劇本演出，不把他們從拖拖拉拉，做事草率，或其他行徑所造成的麻煩裡解救出來的話，以後你就可能會被指派扮演反派人物——冷漠、沒心沒肺，或是背信棄義、對這場戲裡的緊急狀況視而不見：

妳不知道這份報告有多重要啦。媽，這報告占了總成績的一半——一半耶。而且誰都嘛知道娜許老師教得很糟。她什麼都不解釋。而且我上個星期要排演，週末還得參加摩根辦的派對，一整個星期下來，連念書的時間也沒有。如果我今天晚上要把整份報告寫完的話，一定會寫得很差。妳只要明天讓我待在家裡好好寫就行了。妳可以寫份通知跟學校說我生病了。不然我沒辦法啦。

男孩子則會採取另一種手段，引爆錯愕或義憤填膺的地雷：

我和加瑞特根本不曉得排球網怎麼會燒起來，我也搞不懂公園管理處為什麼認為我們該付錢換新網。他們應該要在網子上貼張警告之類的東西吧。

或者就只是對你說這麼一句：

因為上面寫「偷走這本書」，所以我才偷的呀。

青少年常會想要耍花招來解決自己拖拖拉拉或做事草率的後果，而父母的職責便是阻止這種手段。要是你為孩子扮演了辯護律師的角色，便是霸占了一段對他們而言珍貴無比的歷程。你剝奪了一個大好機會，結果他們無法反省、後悔、懊惱，也不曉得下次又遇到類似情況時該怎麼做。

我有位朋友的父親常對家裡五個孩子說：「好，我看你這會兒又蹚了一灘渾水。瞧瞧你打算怎麼脫身應該還滿有意思的。」蹚了什麼渾水、要怎麼解決，都是孩子的事，跟父母無關。只要我們以尊重的態度跟孩子保持適當距離，便是讓他們擁有了一種基本人權：趁著還住在家裡、尚未離家進入更遼闊的世界裡之前，從犯下的各種過錯中學習。

可是，太危險了啦！

我們不僅不該急著幫孩子解決問題，也該讓他們自由地犯錯，即便是犯下大錯也一樣。我演講時為了闡明這種觀點，往往會一開始就問聽眾他們是怎麼度過青春期的：

在青少年時期，你們有多少人可以在外面晃到天黑，不用告訴爸媽自己跑去哪兒了？

幾乎每一隻手都舉起來了。

有多少人做了父母從來都不知道的事？幾乎每一個人都舉手了。聽眾全笑了出來。而且他們到現在都還不知道？舉手的情形還是一樣。我看你們都毫髮無傷地活下來了嘛。你們那時候玩得開不開心？大家頻頻點頭，臉上露出微笑。

然後我問他們，有多少人讓自家青少年不論何時都可以去任何地方、用不著告訴爸媽？沒人舉手。

如今我們認為當年狂歡作樂、惡作劇、鋌而走險的種種經歷，已經不適合這個年代了。當我對今日的父母提起他們還是青少年時所感受到的興奮之情，當他們談到當年逃學、躺在鐵軌上、矇騙爸媽自己跑去哪兒，或是不小心把車庫炸了一角的時候，自豪得掩不住臉上笑意……但是接下來他們便會老調重彈：「哎唷，以前那個年代沒這麼複雜，所以做那些事不要緊嘛，但是現在可就不一樣了，世界現在危險多了！」

剝奪孩子的自由將會引起後遺症，就算你剝奪的是孩子在你背後做些傻事的自由也一樣（譬如躺在鐵軌上，或是把什麼東西給炸了）。孩子不只會喪失興奮和冒險的機會，也會錯過培養良好判斷能力的大好時機。對大學新生演講「如何保持自身安全」議題的大學校長和大四生都告訴過我，最令他們擔心的，是念高中時被保護得好好的學生。「哪些學生最容易惹出各種麻煩？」某間私立大學的校長對我說：「就是那些隨時隨地都備受照護的孩子，他們從沒喝過酒，從沒違反過規定，從沒不帶手機出門過。」這些孩子最容易由於愚昧魯莽而面臨危險，因為他們從來都不曉得冒一點小險之後會發生什麼事。

讚頌親身經歷

當父母告訴我「時代不一樣了，以前比較安全，現在可不能冒任何險」的時候，我總會敘述一段青少女時期的親身經歷：

有年夏天我在兒童夏令營擔任活動輔導員，八月某天我跟朋友派蒂站在路旁伸出大拇指。那天我們比平常多等了好一會兒，於是終於有個男孩子停下車時，我們只稍稍猶豫便鑽進了車裡。我們在乎車上還有另外三個男生嗎？不在乎。我們有想一想光是站在車外就聞得到酒味這件事嗎？沒怎麼多想。那天我們放假耶。天氣熱得要命，沁涼的花生奶油奶昔在鎮上等著我們去享受，這只不過是搭個便車而已。那個男孩子把車子開進一條偏僻的蜿蜒小路時，派蒂問他為什麼走那裡。

「這條是近路啦。」他應道。

那些男生全笑了出來。

接下來我將派蒂的頭一把壓到我大腿上，說：「慘了，她又來了啦。可以把車窗全部打開嗎，讓風吹進來可能會好一點吧。通常等到她看起來快要吐的時候就來不及了。都是因為這路太顛簸了。只要稍微一晃，她就會暈車。我爸車裡的味道到現在都還沒散咧。大概一輩子都散不掉了吧。」

那些男生馬上趕我們下車，然後加速開走了。我看他們一定一路上都在大呼幸好逃過了這一劫。我們走回營區，嘴裡「嚇死人了」一直唸個不停。

我們兩個合作無間，救自己脫離了可能發生的夢魘。派蒂的方向感很好（像我就完全不知道哪一條路是往鎮上去的），我則是擅於臨場發揮。其實派蒂根本沒暈車。那天我們倆齊心協力，而且都長大了一些。我們坐上車時還很天真、大意，下車時則對世道人心多懂了一點。我們親身上了一課。

我並不是在勸你為孩子找一個「野外搭便車大冒險」的活動，好豐富她的暑假經歷。我認識的長輩要是知道我碰上了什麼事，絕對沒有誰會再讓我去搭便車了。但是當時我和派蒂所擁有的，卻是今日青少年永遠也不會有的——我們能自由地去犯下大錯，去發現自己身陷險境，然後同心協力，把腦筋動得飛快來拯救自己脫離險境。沒錯，時代不同了，不過倒也沒那麼不同。改變之處在於：我和派蒂還在當活動輔導員的那個年代，父母不會一直查電子信箱，看看有沒有性侵罪犯住在夏令營營區附近的最新消息，也不會一直傳簡訊跟孩子聯絡，看看孩子那天做了什麼活動。老爸老媽就這樣把我們丟在營區六個星期，只叫我們要乖乖聽話，然後祝我們玩得開心。那種做法便是落實了信靠上帝。

請花點時間回想自己還是青少年的那些日子：你交了哪些朋友、犯了哪些法、在哪些地方鬼混、偷偷摸摸地做了哪些事、隱瞞了哪些祕密、撒了哪些謊。請回想那些僥倖的經歷，回想你此後是怎麼清楚劃分良朋益友與狐群狗黨、緊張刺激的惡作劇和非法的勾當、拖拖拉拉和成績不及格之間的界線的，回想你從所有那些令自己心想「哇，這次好險，我以後再也不敢了」的事裡學到了什麼。你變得更成熟、更明智了。數十年後，你人在這兒，安然無恙，坐在光線充足的房間裡看一本關於教養子女的書。

現在該是時候讓你家青少年自行找出界線了，就跟你以前那樣子去找一樣。沒錯，青少年很天真、很不切實際，父母該幫忙他們判斷、協助他們解決危機才對。不過給他魚、不如教他釣魚，你家孩子學習的唯一途徑，便是親身去經歷。要是我們在青少年生命路途上必經的小站外面舉起「危險，請勿進入！」的告示牌，便是在為孩子創造出新的危險：過度恐懼的危險。

險惡世界症候群

我遇過許多父母，他們雖然基本上同意孩子需要自由，卻又被當今世界裡的各種危險嚇得六神無主。他們指稱，如今青少年只要在天黑後出門片刻，就可能會被性侵罪犯拐走，從此下落不明；愛打暴力電玩的男孩子正在內心形塑出校園槍擊要犯；國中女生穿著低腰牛仔褲，在成年禮時躲在桌底下幫男生口交；只要在樹林裡散步就會被蟲子咬、得了萊姆症[23]。

這些結果都有可能發生，但機率微乎其微。媒體充斥著腥羶色的新聞，儘管那些駭人聽聞或異常誇張的可怕事件幾乎不可能發生在我們身上，我們卻很難不提心吊膽的。媒體把那些事件、病毒、威脅報導得愈生動、愈血腥、愈色情，或愈可能致命，收看的人就愈多。恐懼會迫使人們做出反應，而那些景象、故事都能讓危險狀似真實，而且彷彿近在你我身邊。我們如此關注可能發生的嚴重事故，而為此付出的代價便是賓州大學研究員喬治·葛伯納所謂的「險惡世界症候群」。葛伯納發現，一般人收看愈多新聞或電視，心裡就愈覺得不安、脆弱，因而愈不願意在居住的社區裡外出（尤其是入夜後），也愈害怕陌生人、害怕遇見人。恐懼會散播出去。新聞變得不只是望見世界的窗口，而是變成了這個

23 Lyme Disease，萊姆症是一種透過蝨子叮咬，導致伯氏疏螺旋菌（*Borrelia burgdorferi*）進入人體引發感染的傳染病。會影響皮膚、關節、神經系統。

世界本身。

讓我們一頭瘋地過度保護孩子的，不只是電視。諸如雜誌、廣播、網路，還有緊張兮兮的親戚朋友，全都提供了一堆資訊，讓我們隨時都能天馬行空地想像孩子可能會遇上哪些危險。我曾經使用過一種由地區警察局提供的「電子警察」服務，只要我住的社區裡一發生什麼罪行，這個服務就會自動發出一封警示電子信件。後來我發現，雖然這個社區明明還滿安全的，但這種資訊卻讓我覺得時時刻刻都緊張無比，後來我就退了那個服務。然而生活裡依然充斥了引人擔憂的種種誘因，教人躲也躲不過。就算沒用電子警察服務，只要打開電子信箱，就會發現母親、阿姨，或某個警戒心過高的朋友轉寄了一封封電子信件，告訴你把車子停在公共停車場、讓骨骼結構還沒完全發育的青少年踢足球，或是沒雇用私人的高中升學顧問，這種種做法會帶來哪些危險。你停下手邊正在忙的任何事，仔細斟酌那份資訊：這是城市裡流傳的謠言，還是經過實驗證明的研究結果？那內容是誇大其詞，還是合理可信？我該找私人顧問、不讓我家青少年踢足球、不准他入夜後走進停車場嗎？

意第緒語裡的「*sorgenmeister*」一詞，是用來形容散播謠言、告訴別人該擔心種種事情的那些人。這些散播恐懼的人，教我想起了聖經裡那些前往應許之地查看後，回報前方有著重重危險的探子——我也在《孩子需要的九種福分》裡提過這個故事。摩西領著群眾橫越沙漠後，派了十二個探子去偵查前方土地。探子回報道，沒錯，那兒的土地流著奶與蜜，但四周處處被敵人圍著。他們講述各種令人膽顫心驚的景象，而危險也開始隨之增長。敵人高得不得了、壯得不得了——「我們看自己就如蚱蜢一樣！」更別提那片土地！「它是吞吃居民之地！」也難怪所有的人都對摩西提高了嗓音，喊著：「我們要回埃及去！」

當你引領孩子從童年進入青春期時，便是踏上了一片新的土地。你們都對寶寶監視器、安全剪刀、扮家家酒、全家一起玩益智遊戲的那個世界說拜拜了——那世界原本需要由父母不斷照管。你家青少年必須在沒有你照料的情況之下，去體驗新世界裡絕大部分的領域。而踏上了嶄新的土地，可能會讓你感到未來的路途危機四伏，得鼓足勇氣才能往前走下去。負責任的父母明白這一點，並且會隨時掌握實況與最新局勢。這個複雜世界變化得如此迅速，拒絕接受事實太天真，也太危險了，我們是該擔心沒錯，不過若是對每一種可能發生的危險都倒背如流，會使得我們無法在孩子通往成年的路途上冷靜沉著地引領他們。如果你得了險惡世界症候群，就會扭曲現實，也會太害怕讓青少年在邁向成熟之路上犯下必然的錯誤。

想要緩解險惡世界症候群，就得盡量少去接觸那些聳動的新聞、網路上的研究結果和電子郵件裡的警告。要是你的生活圈裡會有人不斷提供你可怕的資訊，就從街坊鄰里或學校裡找幾位明智的家長吧。請盡量找已經把幾個孩子拉拔成年輕人的家長，要是你不確定某件事對青少年來說究竟安不安全，就從中找一位經驗豐富的父母來問問看吧。那些家長已經安然度過了許多重大事件與危機，能把眼光放得更遠；他們就像曠野裡的猶太人一樣，抱怨過、忍受過，也倖存下來了——甚至還為此歡欣慶祝了。問問那些專家，他們的孩子到了幾歲時被爸媽允許：

- 自由上網
- 不用先打電話告訴爸媽，就從甲地（百貨公司）到乙地（小人國）去
- 參加陌生家庭辦的派對（有先告知爸媽嗎？）
- 半夜十二點才回家，或深夜兩點，或整夜待在外面
- 開車出去兜風
- 參加演唱會或狂歡音樂節時，沒有大人陪伴

參考他們的做法，但別全盤採用。你家青少年每天活動的環境（家裡、學校、課外活動場所）都是考驗他成熟度和判斷力的自然實驗室。在你決定要讓孩子多自由時，請先考慮一下在這些實驗室裡出現的現象：

- 對於科技，你家孩子是否使用得當（包括上社交網站、傳簡訊、傳即時訊息、安全且合法地上網、下載檔案）？

- 你家孩子有多認真做功課？
- 你家孩子是否不亂花錢？
- 你家孩子在外面表現如何？（請把他對待手足、對待你的方式暫且拋到腦後。）他對待親戚、你的朋友，或是對待服務生、銷售員、出納員的方式，是否還算有禮？
- 你家孩子是否會顧好貴重物品？她是否一直弄丟手機？手機是否老是莫名其妙地泡水？他有把爺爺奶奶買給他的西裝外套掛好嗎？吉他弦斷掉時，她會換新弦嗎？
- 你家孩子遇到可能會惹出麻煩的情況時，是否懂得自制？

把心力花在這些事情上，並非教養過度。不斷地調整要給孩子多少自由，就跟慎選牙醫，或決定要補習哪個科目同樣重要。

自我奉獻的黑暗面

客觀看待孩子過的生活，不斷調整出適合孩子的自由程度及限制範圍，判斷該給他們多少忠告，或是該主動協助他們到什麼程度，從來就不是容易的事情，然而始終無法跟青春期子女保持適當距離的父母，或許得好好反省一番。雖然父母太溺愛孩子時可能會過度保護孩子，不過當父母由於自身的情緒需求而跟青春期子女建立起異常緊密的關係時，可能也會出現過度保護孩子的做法；這些父母需要被孩子需要。雖然此種需求被其他表象層層掩蓋，可能教人完全察覺不到，然而它引起的後果卻是實實在在的。當青少年感覺到某位保護過度的父母覺得孤獨、缺乏自我價值、生活無聊，或缺乏歸屬感，便會認為父母需要自己繼續依賴下去。某位父母「少了我，你就應付不來」的訊息，代表的其實是「少了你，我就應付不來」。

我的案主琳恩在一個人情味濃厚的小城市裡長大，她在那兒結婚生子，並在一家人情味濃厚的小型內部設計公司工作。琳恩的丈夫在另一州找到薪水更優渥的工作後，他們便舉家搬到大城市的郊區。

琳恩自行創業，但是生意不大好。上門的客戶雖然更有錢，要求卻更嚴苛；琳恩形容，跟以前的小鎮客戶比起來，這些客戶「冷漠多了」。她在這個郊區的家庭工作室裡覺得孤零零的，也不大敢晚上開車穿過那些漫長的黑暗街道。

於此同時，他們女兒潔娜也遇到了挑戰。她是九年級轉學生，在新學校裡覺得侷促不安、備受冷落。班上有個同學叫做摩根，她把潔娜視為好欺負的對象。摩根誆騙潔娜獨立完成原本該是小組合作的科學計畫，她在學校裡公開嘲笑潔娜，在潔娜的 Facebook 網頁放上潔娜換體育服的偷拍照片，甚至還打電話給潔娜，先騙她說出喜歡哪個男生，然後才說出當時是三方通話，而那個男生正在另一方偷聽。潔娜哽咽地告訴媽媽這些事時，琳恩便認定脆弱的潔娜再也不該去面對那個「心地險惡的女孩子」了。她斷定學校唯一合理的處理辦法，便是讓潔娜轉到另一班，還要讓行徑惡毒的摩根停學。

如今一切都變了。琳恩開始忙個不停。她生活裡充滿了新的人物：認為摩根道歉後整件事便可落幕的惡劣校長、建議潔娜接受自信心訓練（assertiveness training）的沒血沒淚老師、願意幫琳恩提出司法訴訟的熱心友人、富有同情心的心理治療師。琳恩每天都用黑色幽默和滿腔熱血記下善惡各方的所作所為。她打電話給正在上班的丈夫，讓他幫忙做出決定，晚上則打給姊姊，鉅細靡遺地告訴她最新發展。她步步為營，彷彿孫子兵法在手。

潔娜也留意到一些事。她媽媽不再整天盯著電腦，也不再一直催她去寫功課了，她看起來快樂多了。她不再催潔娜去認識新朋友，因為她正在忙著處理手上這個「案子」。她可是控方證人呢。

幾週後，學校同意讓潔娜轉到新班級，並罰摩根留校查看、參加社區志工服務。此時顯見，琳恩參與的社交網絡很容易垮掉。家裡又安靜下來了。過了兩個星期，潔娜放學回家後開始氣惱地埋怨新事件。有個叫做泰勒的男生，考英文時看了她的考卷，他選擇題的答案全是抄她的。琳恩又開始像個陀螺般轉個不停，她再度展現堅決果斷的手腕。她已經想好了，只要把潔娜的答案和泰勒的答案拿來比對，就很容易看出來泰勒作弊了；泰勒不可能每個答案都寫對，如果他錯的地方都跟潔娜一樣，真相就昭然若揭了！又有一件事可以讓她忙了。潔娜是否引來這些麻煩事，好消除母親的孤單感？她遇到的問題背後或許有很多種原因，不過最終的效果卻相當明顯——潔娜遇到的難題讓母親心情變好了。

當我們需要在生活裡有個目標、需要感到彼此親近、需要擁有成就感，而這些需求正好碰上了青少年天生對於戲劇化事件或愚蠢行徑的熱愛時，我們便是找到了方法讓彼此互相依賴。對父母來說，這條公式非常簡潔：孩子遇到的問題讓我擁有目標，讓我們彼此關係緊密，還讓我用不著去煩惱自個兒的問題。

史坦頓．皮爾（Stanton Peele）在其論述精闢的著作《培養孩子的抗癮能力》（*Addiction-Proof Your Child*）裡，把上癮定義為反覆做能讓心情變好，實際上卻會傷害自己的行為，或是去依賴能提供「迅速、有效、易得的快感」的生活體驗，然而那些體驗「讓人用不著去面對更有挑戰性的生活經歷，也因而無法從中獲得成長」。父母對青春期子女上癮其來有自：我們已經習慣成天為了孩子的各種大小事情瞎忙、苦惱，成天督促孩子、迷戀著孩子，以至於其他的生活能力都漸漸變弱了。然而**他們長大**、**我們變老**，看著他們愈來愈獨立，也教我們記起了自己終究會老去，讓他們繼續依賴著我們似乎比較好呢。然而也正因如此，放手才這般要緊。

勸導孩子，別服侍孩子

我們身為父母的挑戰，在於如何真心喜愛青少年那放肆粗野的本質及不受控制的靈魂，並且與孩子每日的戲劇化事件稍微保持距離。我們得夠勇敢、腦袋得轉得夠快，才能既跟他們保持親密，同時又維持適當距離。父母與青春期子女之間的關係律動天天都不斷變化，換句話說，這麼做今天有效，明天卻可能會很慘。而事態又由於你遇到的對手皆十分難纏而雪上加霜：社會文化要你時時留意、阻擋災難發生，而你家孩子不是喊著要你出手相救，就是在你明知他需要幫忙時卻氣沖沖地要你別管。

你將會困惑難解。你將會在夜裡難以成眠。然而請盡你所能地去試吧。倘若帶著愛意適度保持距離會讓你感到彷彿把孩子拋棄了，或彷彿**你自己被拋棄了**，那麼你便很難跟子女保持適當距離。若是如此，請走出原本的生活小圈子，藉此紓解一些焦慮：找位明智的朋友、生涯規畫導師、心理治療師、聖經研讀小組，找個壽司料理班、後現代主義課程或編織課，只要能破除那苦思不解及恐懼的假象，不管你做什麼都好。請提醒自己（有需要的話就每天都提醒自己），我們最能幫助青春期子女的方式，並非主動積極地保護他們或幫忙他們解決問題，而是慈祥體貼而沉著地傾聽他們訴說。藏傳佛教的弘法大師創巴仁波切（Trungpa Rinpoche）在二〇〇一年出版的《漫談大乘佛教》（*Glimpses of Mahayana*）裡警告大眾別犯了他所謂的「鄉愿同情」，這種同情心讓我們對他人所承受的痛苦感到於心不忍，因而放任他人為所欲為。倘若我們讓孩子予取予求（服侍他們），而非提供他們所需要的（明智地勸導他們），便會漸漸削減他們的能力，使他們變得處處依賴。

CH7

孩子熬夜的父母有福了，因為你能讓他們懂得空出時間來休憩、玩樂

某位拉比告訴過我，曾經有位會眾打電話給他，而她當時所說的話令他終生難忘。某天晚上，有位叫做康諾的高二生對爸媽坦承，每次他要念書或睡覺的時候心臟就會跳得很快，下巴會很痛，還會直冒冷汗。他擔心自己是不是快要死了。康諾的爸媽帶他去掛急診，醫生診斷出這是壓力誘發的恐慌發作。康諾的母親在急診室裡突然有所頓悟，於是馬上撥了電話給這位拉比。「你知道嗎，」她說道。「我們三個人不知道已經有多久沒像今天這樣子安安靜靜地待在一塊了。」

這件事讓我想起瑪莉．凱．布蕾克莉（Mary Kay Blakely）這位記者敘述自己陷入昏迷的那本著作《結束時請將我喚醒》（*Wake Me When It's Over*）引起了讀者什麼樣的迴響。布蕾克莉在接下來的回憶錄《美國老媽》（*American Mom*）裡寫道：「全國上下有一堆女性想試試看像我那樣子昏迷過去。」波特蘭有位婦女口氣妒羨地問她：「妳睡了**整整九天**？感覺**超棒**的吧？」

當然，被送進急診室或昏迷過去並不是什麼我們喜歡的放鬆方式。不過我常聽父母說，自己只有在得了流感或支氣管炎的時候才能稍微休息一下。對許多父母而言，似乎唯有發了高燒才有正當理由免除看牙醫、參加家長座談會，或是趕在三更半夜發出電子郵件這些每天接踵而來的事務。

正如康諾恐慌發作所揭露的，這種讓自己忙得團團轉的壓力也影響了我們的下一代。輔導老師對高中生的「特種部隊」心態早已司空見慣了——這些學生認定了證明能力的唯

—一種方式，就是做得比別人多。「我做的功課比別人多，而且幾乎不用休息喔！」他們這樣子告訴自己及所有的人。這些青少年也許會堅稱自己很喜歡參加課外活動、上資優課程，但是到了最後卻只能向疲憊繳械投降。他們身子出了狀況。他們上課時昏昏欲睡。他們出了車禍。他們變胖或變瘦了。他們在專心和效率方面都有過動症狀。他們跟朋友借興奮劑來吃，好提振精神。他們心情低落、想法灰暗，把脾氣發洩在手足和爸媽身上。

我在《孩子需要的九種福分》裡提過這種時間被壓縮的情形，也談過小小孩的父母會受到什麼影響。我當時在書中為年輕家庭提供了解決辦法：改變自己與時間的關係，不把時間當成一種稀少的資源，而是將之視為上帝慷慨地大量賜予的恩惠、應當心懷感激地領受的禮物。我也具體建議父母在生活裡加入確實守安息日（*shmirat Shabbat*）的成分[24]，藉此調整家庭生活的節奏。安息日晚餐不只是讓大家放慢步調一個小時左右。一頓完整的安息日晚餐要點蠟燭、吃甜麵包、喝葡萄酒、吃特製點心，在這場神聖的體驗中，大家能感到彼此緊密地連繫在一起，能休息、放鬆心情，還能重獲力量。

孩子還小時，我很喜歡安息日晚餐。那時的晚餐總是十分豐盛，大家會悠悠哉哉地用餐，桌上常有客人一同享用。我們會為需要療癒的人點起蠟燭。我們會手牽手圍著餐桌邊跳邊唱〈願你平安〉（*Shalom Aleichem*），用這首快活的歌曲歡迎慈悲的安息日天使降臨家

24 據《聖經．出埃及記》第二十章第八至十一節載，第七天為安息日，這一日被訂為聖日，要放下所有工作。因為六日之內，耶和華造天、地、海和其中的萬物，第七日便安息，此為猶太人十誡的第四誡。

中。我們祝福葡萄酒、猶太辮子麵包和孩子。用餐時，我們輪番說出那一週發生了什麼事，令我們感激在心。沒人聊工作、房地產、錢，也沒人談到麻煩事。我們反而會談談當週該討論的律法書章節及註釋內容，尤其是最能炒熱氣氛的那些細節：摩西帶著以色列子民橫渡紅海時，海水分出了十二條路，讓各個支派一一通過；年少約瑟夢見太陽、月亮、星星都對自己下跪後，便拿這場夢境對哥哥誇耀。還有「索多瑪的床」的故事——邪惡的索多瑪城民為路過的旅人準備了鐵床，但床的大小總是不變，要是你身高長過床鋪，他們便把你的腳砍斷；要是你太矮，他們就用拉肢型具拉扯你的手腳。那些故事引起了熱烈討論，而話題囊括了手足之間的競爭、道德、上帝、命運，以及古時候的生活方式。

猶太教義的核心概念，便是每一個人都必須確實地修復這個世界，亦即藉由仁愛、體恤的舉止去改正錯誤。在一週的日子裡，忙碌、喧鬧的家庭生活往往會出現一些裂縫，而在安息日晚餐時一同聊天、祈禱、用餐，家庭便得以進行那神聖的修補工作，趁小洞變大之前把它縫補起來。星期五的晚餐也把我們與歷史、與全球的猶太族群、與世界各地舉辦這項儀式的家庭連結在一塊，當夕陽餘暉落在屋頂上時，他們便開始吟誦猶太禱文，那禱詞就跟我們家餐桌上吟誦的一樣，也跟猶太祖先幾百年來吟誦的一樣。這種種感受開啟了通往神聖感、永恆感與驚嘆感的一扇大門。

我原本認為這些溫馨的安息日晚餐以及延續一週的愉快餘韻，會在孩子踏入青春期後一如往常，不過女兒卻把我拉回了現實。蘇珊娜和艾瑪十幾歲時，一家人共進的週五晚餐雖然放慢了步調，但這頓飯卻變得漫長無比，而席間一起討論猶太故事也變成了沉悶的義務，我實在無法假裝對這些情形視而不見。

面臨這種處境的，並非單單我一人。當各家父母提起即將到來的安息日晚餐時，青春期子女往往會唉聲嘆氣的。在餐桌上，父母提起一個個話題，卻激不起一點漣漪，只能讓步給孩子在桌底下偷傳簡訊的行徑。

他們家青少年對上帝分開紅海的奇蹟的某種新詮釋有何反應？「喔。」

圍著餐桌跳舞呢？「門兒都沒有！」

坐下來，花兩個小時半跟家人一起用餐？「嗯，聽起來不錯啦，可是我真的很忙。」

他們也是真的很忙。

小孩變成青少年時，安息日便成了一項挑戰。他們不會搶著唱〈願你平安〉，還會愈來愈常利用星期五晚上跟隊友搭車到其他城市去，準備參加週末的曲棍球比賽。終於有機會辦安息日晚餐的時候，這些晚餐不像是令人重獲力量的時光，反而是為人父母者憤怒失望的時刻。我們坐在這兒看你擺那種臉色，哪高興得起來啊？父母試著跟一臉沉悶的孩子聊天時，常會對自己感到氣惱。再過沒多久，那失落的安息日就變成孩子遠離了你，以及所有人的生活步調都加快了這兩件事的隱喻。以前你們全家常會在週末晚上一起玩大富翁或撿紅點；如今將那愚蠢樂趣取而代之的，是得花幾個小時才做得完的學校作業、一天兩回的運動練習，以及天天都有新狀況的接送行程腦力激盪：喬丹上完吉他後，怎麼樣才能接他下課，然後趕上莎拉在游泳運動會裡的比賽？就連全家出門去度個假也可能演變成一場戰爭，而非暫時脫離日常勞務的充電時刻。

在這個關頭，你有得選擇。你可以勉強青春期子女與家人共度時光，也可以稍微鬆開手。教養青少年的許多矛盾之一便是，你愈願意讓家庭傳統變得有彈性一點，愈願意重新去思考，並且有創意地改變家庭傳統，就愈能保護青春期子女的本質。若想要變通，有時你得好好計畫一番，有時卻得隨遇而安；不過無論是謹慎以對，還是順其自然，你既然身為家長，就該想出能神清氣爽地享受閒暇時光的辦法——不只是為了整個家、為了青春期子女，也是為了你自己。儘管這些方法表面上不見得帶有靈性氛圍，卻可能是你們放鬆、重拾精力、與彼此再度連繫在一起的好方法。

與青春期子女共度安息日

要是你想起孩子上幼稚園時帶回她第一個「安息日盒子」，在裡頭放進了蠟燭、錫箔燭台，還有用小愛心裝飾的猶太祝聖之杯的那一天時，仍會深情地嘆一口氣，那麼我對你寄予萬分同情。不過只要你明白當孩子踏入青春期後，過安息日的方式也會跟著有所改變，那麼張羅一頓歡迎青少年參與的安息日晚餐其實沒那麼難。你家孩子並不會因為能和家人一起吃頓特別的晚餐而興奮得喜孜孜的，就算她背得出禱詞，也不會自豪得在椅子上坐得直挺挺的。你家青少女曾經是四歲大、耀眼的安息日女王，如今卻可能會愁眉苦臉地拖著步伐來到餐桌上，身上穿得比《阿達一族》（*The Addams Family*）裡的角色還黑。我認識的一位母親就說過：「這會兒我們從幼稚園安息日變成哥德風安息日了。」然而與青少年一起過安息日，仍可能比跟稚齡孩子共度安息日更多彩多姿、更充滿驚嘆。要是你能別去操煩細枝末節，那麼安息日或許便能負起一種罕見的功能：成為將家人彼此維繫起來的時光。

你要怎麼行使這奇蹟呢？有些法子很實用。首先請先弄清楚，每逢星期五就吃安息日晚餐，對你們家來說是否合乎實際。有些家庭就算青春期子女在別處忙，大人仍會照常在家裡舉辦儀式，青少年會明白安息日並不是回憶裡的幼稚園活動，而是一種神聖的儀式，想要參與這項儀式就得夠成熟、夠堅決。有些父母較少辦安息日晚餐，不過一旦辦了，家人就得全部到齊。還有一些家庭呢，只要星期五晚上能一起吃頓飯就夠了，就算是在小館子或附近的美式餐廳吃也沒關係。請為你們家找出適合的方式，並在現實條件改變時跟著調整做法。我家孩子長成青少女後，我們起初辦的幾次安息日晚餐皆宣告失敗，後來我們便刪減了一半儀式、改變菜色內容，還邀請她們想參加的朋友共進安息日晚餐。

我也建議你降低標準。要是你家青少年出現在餐桌上，卻沒好氣地瞪大眼，那麼你只要因為他出現了而感到高興就好。正如舊金山埃馬努艾爾聖殿的資深教師，拉比貝瑞茲・

沃爾夫普魯桑（Peretz Wolf-Prusan）所說：「要是你希望家中青少年開開心心過安息日，那麼你可有得等了。」青春期子女容易難為情的本質會以各種方式現身，這些時候也請你耐心以對。比方說，我家過安息日時有個習慣是幫遇到困難的某個人點蠟燭，還要大聲說出那個人的名字。我家孩子和受邀來用餐的其他青少年常會想幫朋友點蠟燭，但又想要保有隱私，而且也不好意思說出自己是為哪位朋友點蠟燭的，我們仍然讓他們做這種神聖之舉，自己則盡量別去擔心是誰惹上什麼麻煩了。

沃爾夫普魯桑指出，舊金山的高中常會在星期五晚上辦舞會或社交活動。他建議家長採取雙贏的做法：「妳在家吃安息日晚餐，我們會提早開始進餐，舞會前就會吃完；舞會結束後我們會很樂意去接妳回家。」要是孩子不能或完全不願意一起用餐，那麼拉比沃爾夫普魯桑建議你這麼說：「沒關係，不過我們都會想妳的。」這種溫暖的回應不僅可免掉一場爭執，還能讓你家青少女明白，要是她決定回到安息日餐桌上的話，桌上有個空位是你們為她留下來的。

倘若你提議孩子邀請不曾跟家人共進安息日晚餐的朋友一同用餐，並留下來過夜，就能把共進安息日晚餐及孩子的社交需求兩件事一起解決。你家孩子唸得出那些奇妙的蝌蚪希伯來文，還背得出發音奇特的禱詞，勢必會讓這些客人大開眼界。而孩子的朋友也可能會做出一些令人讚嘆的事來，小女便得意洋洋地記得，她們有好幾位常來與我們共進安息日晚餐的非猶太裔朋友後來都學會了希伯來文禱詞的詞彙和旋律。美國猶太大學的教育學系教授朗・沃夫森博士（Dr. Ron Wolfson）便指出：「青少年客人很羨慕這種與家人共度的時光。許多孩子從沒感受過在安息日被父母、手足擁抱的溫暖與歡欣，從沒被父母祝福過，從沒唱過聖歌，也從來不曾在家裡餐桌上愉快地享用過一頓晚餐。」用完安息日晚餐後，這些青少年可以溜到家裡其他地方，去享受他們那一套與彼此共處的方式。

與青少年共進安息日晚餐時，我最喜歡的片刻是父母祝福孩子的習俗。你輕輕按著孩子的頭，在他耳邊低聲唸出禱詞。祝福孩子所花的這三十秒非常親密、溫柔，與親子之間每日的互動大相逕庭。我從沒見過哪個青少年抗拒這種祝福。禱詞本身非常美，而且對處於成長階段之「非神聖」狀態裡的某個青少年說出來時，特別打動人心：

願主使妳如同撒拉、利百加、拉結、與利亞（若你家孩子是女孩）。對男孩則說「使你如同以法蓮和瑪拿西」。

願主賜福予你，並且照看你。

願主以面容照耀你，並且賜恩予你。

願主以面容望向你，並且賜平安予你。

阿們。

讓安息日持續一週

安息日晚餐結束時所進行的儀式，會讓那股微妙神奇的感受縈繞我們心頭整整一週，我指的是「*havdalah*」[25]，這個簡短儀式會用五種感官來留存我們對安息日的記憶。點起一根多捻蠟燭後，用餐者會傳遞一個精緻的銀器盒（*bessamim*），並嗅聞裡頭盛著的香料。大家會從猶太祝聖的杯子裡喝酒，然後沾些酒液點在眼皮上，希望就算晚餐已經結束了，我們也仍能繼續保有安息日這一天洞見的清晰。

這隱喻雖美，但真要做到就不容易了。當生活回到天天排滿大小事務的情況後，你要怎麼維持安息日那種放慢了步調的親密感呢？我建議你，找些小小的機會與家中青少年連繫在一塊兒。別用關心把他們壓得透不過氣來，否則他們會渾身彆扭，躲得遠遠的，你只要隨興做些小舉動就好，譬如帶他們出去吃頓飯。你家青少年或許會嫌你的手藝欠佳，也可能會對飲食提出惹人氣惱的要求（「我跟你說過我不吃含麥蛋白〔gluten〕的東西！」）不過有別人買單時，他們卻很少會拒絕上餐廳吃飯。青少年並非奢華的用餐對象，因此這麼做還有另一個好處：只消花一份沙拉、一份披薩和一杯飲料的錢，你們就可以輕鬆地共度半小時，說不定還會彼此開點小玩笑呢。

有時候青春期子女會渴望跟你聊天、渴望跟你建立起良好的關係。這些神奇的時刻可能會以緊急命令的面貌出現：「媽！媽！妳來看這個鬥牛犬玩滑板的影片！」也可能是在練完棒球、開車回家的路上想要跟你閒聊一會兒。此時請放下手邊在忙的任何事，去看看那隻玩滑板的鬥牛犬；請從棒球場繞遠路回家，好讓你家青少年繼續講下去。要是你正在做家事時，他想要對你敞開心扉，請別小題大作地關上門、要他坐下來，然後用一堆煩人的問題盤問他，否則你只會把他嚇跑。請仔細聽他所說的每一句話，一再地把洗好的衣服摺起來、攤開來，再摺起來、再攤開來，直到他終於說出高二就要開學了，可是他覺得自己長得比同學都矮；或她說自己是高一唯一沒跟男生親過嘴的女生；或她最要好的朋友爸媽正在辦離婚，她卻不知道該對知心密友說什麼才好。

舉家同樂——何時才輪得到我們家？

還有一個辦法可以創造家人一同休憩、相處的機會，也就是重拾舊有的習慣，或是想出新的習俗。孩子還小時，你家有些特別的習俗塑造出了你最喜愛的某些時光，或許是慶祝生日或節日，或許是禮拜聚會，也或許是一年一度的度假；那些時刻可能重演了你童年裡最美好的體驗，也可能創造了新的回憶。那些經驗透過感官銘刻在你的記憶裡——在那些節日裡點起的燭火搖曳、光影幢幢；只有過生日時才親手做的佳餚嚐起來特別美味；你

25 指猶太人在星期六傍晚，安息日將結束時所舉行的儀式，使安息日與一週其餘的日子有所區隔。

們每年都租來度假的山邊小屋裡頭的雪松木散發出新鮮的芬芳香氣。

現在呢？你家的習俗也許仍安安穩穩地從沒改變過。你家十五歲的孩子或許正等不及假期再度來臨，你家那位高中生或許正迫不及待地計畫著今年全家一起去主題樂園的行程——不過他們的態度通常都跟以前不再相同了。

話雖如此，我們也許仍可能維持（或重拾）家庭習俗，而且一樣玩得很開心。想要和青少年一起享受家庭樂趣，得比他們小時候費更多心思，你得刻意維護青春期子女似乎難以忍受，暗地裡卻可能很重視的那些儀式。青少年比較喜歡哪一種家庭習俗？只要不用保持微笑、不用正式打扮，也不用跟大人一起待在小小的空間裡，聽那些大人問討厭的問題就好（「你想申請哪間大學？交女朋友了沒啊？」）。請做些小實驗，假裝看不見他們沉默寡言的態度。有個小妙計是詢問青春期子女願不願意幫忙你做節慶時吃的糕餅，雖然他們可能會擺出一副勉強幫忙的模樣，不過你把麵粉和巧克力碎片準備好後，他們就會投入得渾然忘我了。要辦大型派對時，你也可以請他們幫忙布置家裡。（有鑑於走哥德風的那種安息日，請先做好心理準備，等著家裡出現一些風格前衛的擺設吧。）

於此同時，你也得明白何時該稍微修改一下會引發太多磨擦的慣例。我家女兒還小時，最喜歡過的宗教節日是猶太新年。我們會跟教堂的其他會眾一起在海灘上觀看莊嚴而發人省思的揚棄儀式（*tashlich*）[26]；宗教儀式結束後，每個人都會換下正式的寺院衣裳，穿回牛仔褲、戴上棒球帽。我們會舉行儀式，將罪愆拋進海裡（先把罪過寫在紙上，然後撕成碎片，或是用麵包屑來代表），象徵把以往的罪愆一筆勾銷，準備迎接來年的快樂和良善。拉比或領唱人會彈奏吉他，而小小孩就在沙堆裡玩，或在水邊嬉戲，這幅景象實在教人愉快。從威尼斯海灘一路到馬里布海灘，處處是其他教堂地會眾成群地在拋罪、祈禱、唱歌，然後坐下來野餐。

某年我家孩子已長成青少女，她們宣布不想去海邊舉辦揚棄儀式。不要，她們要去的地方是洛杉磯河岸。那是一條流經都會區的河流，河水被汙染了，河堤是陡峭的水泥地，一點也不詩情畫意。

我們同意了。我們沒打算去野餐，反倒是把狗一起帶去，也找了住在附近的一位朋友、女兒的叔叔和堂兄妹，還有他們家的狗。河邊除了我們之外，半個人影也沒有。小梗犬在馬糞堆裡打滾，水獵犬追著浪花，拾獵犬則一心想把我們丟到水裡的罪過撿回來。

大家都覺得棒透了。雖然我們待的地方離一條車水馬龍的大道沒多遠，不過河岸邊長著柳枝飄逸的大柳樹，還有楓樹和香蒲草。我們坐在光禿禿的水泥地上，慎重地把罪過寫下來，然後看著它們沿著河灣漂遠，直至消失在視線中（這個隱喻和事實有所出入——我們只見到紙片被拋進大海，然後又慢慢漂回岸邊）。儀式結束後，我們去了這條街上的一家自助洗狗店，把三條狗又洗又梳又吹的，大家回到車上時，已洗淨了一身泥巴和罪過，全都精神抖擻的。沒錯，大人都很想念海灘和教堂的其他會眾，也費了點工夫調整心態，

26 希伯來文的「*tashlich*」指拋棄或丟擲。

接受在神聖的日子裡還得幫狗洗澡這件事。不過在猶太教義裡，我們全都是按照上帝的模樣創造出來的，而敬重上帝的方式之一，便是考慮到祂的神聖化身有何需求（以此刻來說即是青春期子女）。就跟過安息日一樣，我們雖然變動了細節，卻忠於原本的宗旨。

全家一起去旅遊時也可以採用相同的做法。有些地方並不適合帶青少年去玩，譬如：主題樂園（儘管他們很喜歡跟朋友去），其他家庭多半帶著小小孩，或是你家青少年除了你之外誰也不認識的家庭度假勝地，五個人搭五人座車子的長途旅行，或是觀光客吃了當地小吃就可能會上吐下瀉的國家。要是你家習慣那樣子出門去玩，請考慮不一樣的旅遊景點吧。問問看家有青少年的朋友，他們去哪兒玩比較開心。

安排旅遊計畫時，也可以考慮跟你家青少年興趣相呼應的旅遊景點。某年夏天，我們全家去冰島玩了一趟，因為艾瑪很愛北歐流行音樂，蘇珊娜這位地質系學生可以研究黑色熔岩和火山，我和丈夫可以把握機會去藍湖泡溫泉，而且我們全都滿心期待穿著冰爪走在冰川上。我們花了幾個月計畫、存錢，而這件一輩子絕無僅有的大事也猶如一扇門，把我們全都相繫在一起，還留下了畢生難忘的回憶。我們去冰島旅遊後的次年夏天，世界經濟崩潰了，我們在新罕布夏一座小湖邊租了一棟屋子，在那裡度過了很棒的時光，而且女兒剛好也有朋友也在附近度假。我們白天爬山、划獨木舟、游泳。夜晚有時候一起玩字彙遊戲，有時候她們則跟朋友一起過。

要是你們選擇的度假方式，不用花多少錢就能再添一人，那麼請考慮為你家青少年多帶一個朋友。旅遊時有朋友作伴，好處不少，譬如當全家人黏在一塊太久時，這位朋友或許能為你們解一點膩，你也用不著負起不斷提供家中青少年各式娛樂的重擔。你也可以找自己的朋友一起去，如此一來，當父母和子女都需要喘口氣時，便能暫時分開來各走各的了。

讚頌浪費掉的光陰

為家庭創造新的習俗雖然得多動動腦，不過其實還滿有意思的，而且你仍大權在握——儘管你會把青春期子女的興趣和性情納入考量，不過決定要怎麼做的人依舊是你。你的下一個任務將會更艱難：學會尊重青春期子女沒有你在身邊時，是怎麼放鬆心情的。

青春期子女可能會喜歡父母認可的放鬆方式，譬如運動、看書、培養嗜好，也可能會比較喜歡受青少年認可的，不怎麼良好的放鬆方式，譬如參加派對、遊走法律邊緣（本書稍後將會探討這些議題）。在此，我想推薦一些放鬆法子，這些辦法不像藥物、酒精，或莽撞、挑釁的種種舉止一樣可能危害青少年，卻仍會讓父母神經緊繃。我指的是沒什麼靈魂救贖意義、青少年拿來虛擲光陰的事情，像是上網，在網路上跟朋友聊天、互動，跟朋友一起幼稚地把時間浪費在無聊事情上，還有看垃圾節目之類的低俗娛樂。

別害怕青少年上網

有些父母對科技所採取的基本立場是猜疑，尤其是對上網。他們會說「我只是想確定他很安全」或「我得確定她是在用電腦做功課，不是在上網到處混」，藉此合理化自己限制子女使用電腦的作為。然而網路可說是新形態的公園、新形態的活動廣場，青少年能在這裡喘口氣、展現自我，還可以跟朋友來往，不怕吵人的父母在一旁打擾。網路讓他們擁有各式各樣的機會做這些事。

父母要怎麼樣才能明智地引導青春期子女使用網路呢？顯然不是用按鍵記錄軟體和擷圖程式來監督孩子上網時的一舉一動。新聞報導那些網路罪犯是怎麼在網路上把青少年從家裡誘拐出門、令他們身陷險境的，父母看了往往會更害怕網路，而第四台的新聞頻道和《逮捕戀童癖》（*To Catch a Predator*）那類的粗俗實境節目，便是利用一般人對那些恐怖陌生人的厭惡感吸引了不少觀眾。不過對於網路罪犯的恐懼，究竟有沒有事實根據？二〇〇九年，《美國心理學人》（*American Psychologist*）期刊登了一篇文章，其中珍妮絲・渥拉克（Janis Wolak）及其他研究人員認為，父母對於孩子上網的恐懼感其實多半毫無憑據可言。在一九九三年至二〇〇五年間，網路在青少年族群中變得十分普及，但是這段期間青少年遭受性侵的數據卻降低了五二％。而且對青少年來說，上網跟朋友的朋友互動，或甚至是跟有共同嗜好的陌生人互動，並不特別危險。渥拉克指出，危險的並不是跟從未謀面的人面對面聊天（許多青少年都常常這樣子跟別人聊天），而是把姓名、電話、照片給對方，或是跟陌生人聊性方面的事情。

上網這種行為真正會危害到孩子的後遺症，包括成天賴在電腦前導致眼睛疲勞、精神狀況不佳，以及看到噁心或嚇人的圖片，或名譽受損而造成情緒不穩，這些問題雖然沒綁架、性騷擾那麼嚴重，不過還是值得加以留意。張貼朋友或自己的私密照片可能會造成什麼樣的長遠後果，青少年對此可能仍懵懂無知，而由於網路互動時毋須與對方面對面，因此他們對於在網路上散播八卦可能會傷害到別人也顯得不以為意。在處理青春期子女造訪網路世界這件事的時候，你可以採取處理現實生活裡類似情況時的態度，亦即應用我在本書裡提過的「自然實驗室」的觀念。請你根據情況調整她上網的自由，只要自由的程度恰當，便有助於她在生活中的其他實驗場所裡亦能合宜地做出判斷。你能根據孩子年紀多大、該做的作業和家事多不多來規定她晚上幾點前該回家，也能根據類似的標準決定她能如何使用電腦：你可以把她的電腦放在家裡的公用空間，也能使用網路守門員的功能，而且除非你家青少年證明得了自己已經成熟得可以自由地上網，否則便拒絕讓他用能拿來上網的手機。在評估青春期子女是否已準備好面對網路世界時，請考慮以下幾個問題：

- 他是否能自動自發地做好功課、準備考試，不用爸媽催了又催？
- 他是否顧好身體健康、保持整潔，也幫忙做家事？

- 老師是否給他正面評價？
- 一般而言，他是否尊重大人、善待朋友？
- 他是否疏忽了一般認為有益於孩子全面發展的活動（譬如因為樂在其中而閱讀任何一種讀物、參與戶外活動，或是跟朋友面對面聊天）？

除了衡量孩子大體而言成不成熟之外，也要考慮到他是什麼樣的性情。他敏感嗎？你那個十三歲大的孩子看到逼真的色情圖片或人質慘遭斬首的影片時，會有什麼反應？網路上什麼都有。家人應該一同討論價值觀，以便達成共識，決定哪些事情可被允許，並訂出一份網路使用規定。

接下來你得經常重新評估規定內容。科技發展得非常迅速，學校每一年都會重新修訂網路使用規定；況且孩子也長得很快，今年三月聽起來還算安全、合理的做法，到了夏天可能就會變得太嚴格了。你也該遵守己方的協議內容，別假裝完全尊重青春期子女的電腦隱私權，卻又趁他在學校時偷看他的網路瀏覽紀錄或個人網頁。

容許青少年幼稚的行徑

青少年雖然想擁有跟大人一樣的自由，卻也很喜歡孩子氣，他們就像小小孩一樣愛玩遊戲。在街上與某個平庸無奇或怪異的路人擦身而過時，他們可能會小聲對同伴說「跟你同一國的」，要是路人很帥或很「辣」，則會低聲說「我這一國的啦」。在音樂節、主題樂園，或任何哪個有成群年輕人聚集的場所，他們可能會裝腔作勢，隨意喊個名字：「傑克！」或「邁爾斯！」或「艾希禮！」或「莎曼珊！」直到有誰一頭霧水地回頭張望為止。他們也很愛開黃色玩笑。現在有一種很流行的玩笑是說「可不是嗎」，也就是聽到某人說出可被解釋為帶有性意味的話後，用「可不是嗎」這句回答帶出裡頭的「含意」。自然歷史博物館導覽員說「這根茅特別長」，一號青少年便會小聲對二號青少年說「可不是嗎」；歷史考試時，某個青少年嘀咕說「太難了！[27]」同學就會回他「可不是嗎」。當然，他們也愛死了廁所幽默，某位母親就曾經發現兒子和朋友對著一個世界便便之最的網站笑個不停。

很蠢嗎？很幼稚嗎？那當然，而且就是因為這樣才能讓人把心情放鬆下來。這可說是在準備踏入大人世界的嚴格工作期間，短暫地休息片刻。別驚慌失措，認為青春期子女的幼稚行徑將將會永遠如影隨形，或是擔心他們正在浪費原本可以拿來加強各種能力的寶貴光陰。你用不著跟他們一起去做那些蠢事，但要確保自己沒不由得跳起來阻撓他們跟朋友一起開心一會兒。請讓他們一同去胡鬧，一同在音樂節、百貨公司，或家裡地下室浪費一堆時光，你這麼做既合情合理，也是尊重他們的表現。

27 英文「太難了！」（It's too hard!）亦可被解讀為帶有性意味的「太硬了！」

對垃圾樂趣尊重以待

我常在演講時請在座父母大聲說出自己心不甘情不願地讓孩子做的事：

「看什麼節目？」

「卡通《惡搞之家》（*Family Guy*）！」

「吃什麼東西？」

「奧利奧夾心餅乾！」

「做什麼事？」

「打電玩〈俠盜獵車手〉（Grand Theft Auto）！」

「聽什麼音樂？」

「肯伊（Kanye）！墮落體制（System of a Down）！」

接下來我便會說：「要是你們允許他們做那些事，那就真心真意地去接受、去欣賞他們那樣子做吧。」

問問他們最喜歡網路上哪一段影片，或是粗魯無比的實境節目的哪一集。請維持友好、尊重的氛圍。請把這一場接觸當做是文化人類學的田野調查，或是揭露真相的獨家報導。請克制衝動，別趁此機會教育，希望能讓他們遠離幼稚。你可能會不禁心想，我會讓她們看《超級名模生死鬥》（*America's Next Top Model*），但我要順便教她們一點媒體素養。接下來你可能會說：「妳知道嗎？要是芭比娃娃是真人，就會有兩百一十三公分高，而且腰圍才十八吋，胸圍卻是四十吋。她得在地上爬，才撐得住大得不成比例的上半身呢！」然後在看《男人猜猜猜》（*Gay, Straight, or Taken*）的男女配對節目時，你也趁機來點性教育：「妳知道嗎？青少年平均每年會在媒體上看到將近一萬四千條關於性的資訊，可是裡頭只有百分之一會提到避孕或是懷孕、得性病的風險耶。」

雖然你隨時都能發表這種喚醒青少年各種意識的演說，但還是請你盡量閉上嘴。要是你讓青少年看某個節目，就讓他們舒舒服服地看吧。請偶爾坐下來跟他們一起觀賞，拿幾片散落在茶几上的奧利奧夾心餅乾，好好享受一番。這麼做並非縱容他們，而是肯定他們的品味。

夜半時分——該熬夜，還是該熟睡？

青少年很愛熬夜。當其他人都進入夢鄉的時候，他們便醒著享受沒人來打擾的自由。夜深人靜時，他們消耗的精力雖然變少了，但心靈的活力卻大增，宛如進入了心靈叢林探險一般。青少年喜歡趁夜晚放鬆自己，利用這段時間發展自我意識及自我認同。他們用簡訊或網路連絡彼此間的感情，或是週末晚上聚在某人家裡，一起看電影、聊到半夜。

青春期子女這樣熬夜，對於到了晚上就累癱了的父母來說實在費解，不過這可說是青少年晝夜節律的正常現象。生理時鐘會刺激荷爾蒙分泌，讓小小孩和成年人在晨光之中清醒，在夜晚降臨時準備入睡。然而到了青春期，晝夜節律卻會改變，因此青少年到了晚上可能會覺得難以成眠，常常過了半夜精神卻仍好得睡不著。要是可以的話，他們就會酣睡到上午十點。當青少年週末睡得更晚，直到吃午飯或午後才起床時，他們其實並不是怠惰，而是按著成年人的時間表早起了一個星期後，趁週末調整時差。對青少年來說，依照學校規定的時間生活，簡直像是每天一早都從洛杉磯搭夜班飛機到紐約一樣。

青少年熬夜這種與生俱來的傾向，因為行程滿檔而變得更嚴重了。許多學校出的作業都得每晚花上幾個小時才做得完，要是青少年排戲或練網球直到六點、七點或八點，就得等到吃完晚餐才能開始做功課。由於他們白天和晚上「放牛吃草」的時間都被剝奪了，就可能會等到沒大人管的夜深時分才擠出時間來放鬆一下。要是父母不斷控管孩子吃什麼、喝什麼、跟誰混在一起、什麼時候開始做功課、怎麼做功課，青少年就更有理由熬夜了。他得趁這個機會自由地喘口氣哪。

在你認定家中青少年熬夜是種惡習之前，請先弄清楚自己是不是把對睡眠債的恐慌感投射到青春期子女身上了。某些青少年平時少睡點覺並無大礙，或許他們是因為可以在週末補眠，所以不像大人這麼擔心睡眠不足，再者他們睡眠不足也跟信用卡帳單、工作壓力那些令人不快的煩心事無關。請把青少年的睡眠習慣當成上大學的準備工作吧，大學生過的多半是歐洲生活的時間：熬夜、早起上課、午後睡個小覺。

然而對另一些青少年而言，就算少睡一丁點兒也會讓他們身體出狀況或變得脾氣暴躁。幾乎誰都會因為長期的睡眠嚴重不足而受影響，正如不常在外面玩的小小孩有時會被誤貼上注意力不足的標籤，睡得不夠的青少年也可能會看起來鬱鬱寡歡、有學習障礙，甚至有躁鬱傾向。要是你家青少年老是脾氣不好、沒動力、不專心，或是早上要用音爆鬧鐘才叫得起來，上課時又頻頻打瞌睡（這是睡眠不足的主要指標），那麼他可能需要多睡一點。

雖然你沒辦法強迫青春期子女睡覺，卻能幫助他們創造出適合入眠的環境。請確定你家青少年曉得良好睡眠習慣的基本原則：下午四點過後，他還會喝含咖啡因的飲料嗎？他是否會在週五、週六非常非常晚睡，到了週日晚上又想方設法提早睡覺？他是否在床上念書、看電視？最重要的問題是：他是否因為沉迷於玩樂而晚睡？科技產品能讓青少年放鬆心情，卻也能讓他們睡眠不足，請允許青春期子女享受科技產品的好處，但要把界線設好。我常會要求女兒晚上十點半後把筆電和手機拿到房間外，並且把這個舉動當成一種提醒，讓女兒來訪的朋友明白該回家了。

如果導致你家青少年睡眠不足的，是過重的功課或滿檔的活動時間表呢？有些青少年會試試看承擔過多負荷，他們倘若只是暫時承受疲憊的自然後果，便不會因此受到長久的傷害，而且這也可能是他們能帶進成年生活的好經驗。然而青少年缺乏成年人的判斷力，卻又被困在高度競爭的文化裡，因此除了一直把時間塞得滿滿的之外，可能也想不出什麼好辦法，他們搞不好根本沒想到自己已經負擔過重了呢。在這些情況之下，你可能得請他們放棄一些太難或是花太多時間的課外活動或課程。美國文化根據青少年在學校的短短一天內消化得了多少先修課程來評估青少年的表現，因此要家長開口要求子女少上一些課，極為不易。那樣做聽起來實在太可怕啦。請對自己這麼說吧：她表現得太優秀了、做得太多了、企圖心太強了，我明白這種情形正在損害她的靈性和健康，然後對你家高二生說：「我現在插手是因為我發現妳壓力很大——雖然妳自己可能沒感覺。我衷心建議妳這個月暫時不去青少年服務熱線。」或是，「下學期你要上兩堂先修課程，還要參加接力越野校隊，雖然我知道你真的很希望兩邊都能兼顧，但是要上兩堂先修，又要參加校隊，可能不是明智之舉唷。」

父母啊，請空出閒暇進入「心流」狀態吧

教養青少年不是短跑衝刺，而是一場耐力賽。要是你希望在孩子離去的過程之中，自

己能擁有力量引領他們，那麼當他們不在你身邊時，你就得擁有一些個人的放鬆時刻。你得好好照顧自己——享受跟好友在一起的時光，閱讀除了成績單、全國大專院校介紹、大學簡介之外的讀物，聽聽除了青春期子女話語之外的聲音，嚐一嚐新鮮、好吃的食物，轉換到較緩慢、較能安撫心情的步調。

我也建議你繼續落實安息日晚餐之類的儀式，藉此改變自己與時間的關係；那些活動能讓你全神貫注得不覺時光流逝，而這番渾然忘我的感受，被稱為「心流」。這種概念是由目前任職於克萊蒙研究大學杜拉克研究院的心理學家米哈里・契克森米哈黎（Mihaly Csikszentmihalyi）所提出來的。他畢生研究是什麼讓人感到快樂，並提出了結論，認為參與能讓自己陷入心流狀態的活動，是對人生感到心滿意足的關鍵所在。

是什麼讓我們進入心流狀態？對某些人來說是學新運動、學撲克牌，對另一些人而言則是團體祈禱、即興演奏、藝術創作、照著很困難的新食譜做出料理，或是沉浸在嬉戲或刺激的性愛裡（不是那種按部就班式的性愛）。想要處於心流狀態，你得聚精會神地做某件事情，而不是把心思分散在許多件事上。我最喜歡讓自己進入心流狀態的方法之一就是浮潛，浮潛能讓我忘了時空、忘了生活裡令人煩心的大小事。水面下靜悄悄的，沒辦法對別人說話，只能用比畫的。當身體輕輕地在海波裡晃盪時，舉目所見只有色彩、光線、水影。有些感官受了侷限，有些感官則滿溢刺激，這種不尋常的體驗會讓注意力格外集中。不過我跟大部分的人一樣，並不是住在夏威夷海邊，所以我也會爬山、種種花草、烘焙糕餅。

請找出你喜歡用來轉換心靈狀態的方式。當你所做的事令你沉迷得進入了心流狀態，你便是在累積神聖的能量，並善用宇宙賜給我們的禮物。當你離開心流狀態時，會再次精神抖擻，準備好與青春期子女一同生活，而安息日晚餐到來時，你除了孩子下星期要交的英文報告之外，也會有其他更有意思的事情可聊。

心靈聖殿

除了找出時間來休憩之外，父母也必須建立起一個能讓自己恢復精力的、青春期子女不可進入的私人空間。我最近剛與雅莉聊過，她是位可愛、高䠷的十四歲女孩，眼裡總是帶著笑意。她的母親蘇珊帶著她前來，看看我能不能改正她無視於某些家規的壞習慣。

「妳媽媽好像滿不高興的。妳覺得她為什麼不高興呢？」我開始問道。

「因為我會從她櫃子裡拿衣服穿。」

「然後呢？」

「我又繼續拿她衣服來穿。」

「馬上嗎？」

「嘿啊。」

「為什麼呢？妳為什麼那麼喜歡拿媽媽的衣服穿？」

「跟我的衣服比起來，媽媽的衣服好看多了。」

蘇珊顯然並沒氣到真的使出什麼手段來處理這種情形，譬如雅莉不擅自拿衣服才答應把衣服借給她。我跟蘇珊談的時候，發現那些衣服雖然比父母合理買給青春期子女的衣服貴上許多，但是她仍覺得女兒穿起那些衣服很漂亮。雅莉意識到這個雙重訊息，於是便繼續到老媽的衣櫃裡「劫富濟貧」。不過倘若女兒開始未經同意就拿她的首飾去戴，或開她的車出門，這位母親會有何感想呢？

我們得在自己的世界及他們的世界之間劃下明確的界線。其中一條界線便是劃在你的房門外。請讓臥房成為你的心靈聖殿，成為一個令人愉快的寧靜避風港。請對孩子說清楚，你房間是大人的私人空間。把門關上，並要求家中青少年進去前先敲門、請求允許進入。請針對借用你的衣服、你的化妝品、你的洗手間這些事情訂下規矩，並且徹底實行。

心靈聖殿的概念可延伸至物品及私人空間之外，涵蓋情緒及思緒。你有權利心情不好，而且不見得一定要有個好理由，你也無須對青春期子女解釋每一個決定背後的原因。他們並不需要知道家裡收入多少、你為什麼不再跟某個朋友連絡了、你的性愛史，或任何其他你不想說的私人事。心靈聖殿甚至可以延伸到你通常會渴望的事，譬如他們賴在你腿上這種親密感。有個部分的你說，真是太不可思議了！這個青少女想要賴在我腿上耶！我真是激動到不行。感覺就跟她還是小寶寶的時候一樣。不過也許你在那個當下並沒心情那麼做，而你也有權利不想那麼做。你可以說：「現在不行，晚一點我可以放鬆一下的時候妳再來找我吧。」也或許你家是個消磨時光的好地方，那麼儘管你覺得女兒來訪的朋友喜歡有你做伴，而且你也很喜歡這種感受，你還是可以限制女兒一次能邀幾位朋友來家裡作客。要是你剝奪了自己的空間和隱私，要是你成為家中的犧牲者、沒有任何界線能保護自己，那麼當青春期子女心情不好時，你就會更容易生氣、失望或怨懟。維護心靈聖殿，便能為靈性提供養分，避免靈性受到損害。

啟發人心的青少年

孩子還小時，我們很容易透過他們的眼睛看世界。當時你不會因為校車已經停在家門外了，他們卻還沒換好衣服而大為光火，你能跟他們調到同一個頻道，把速度放慢，珍惜他們那種變化不定的時間感。你也能放下手邊的事情，珍惜他們把玩幾塊光滑石頭的雀躍之情，或是被肥皂泡泡迷住的神情。

青少年並不會讓我們擁有如此寧靜的時光暫停片刻。不過神聖地休憩片刻，並不只是為了放鬆，也是為了恢復精力，這時候青春期子女或許便能帶給我們一些啟發。青少年能提醒我們，我們因為害怕、疲憊、退縮、遲疑而錯過了什麼。當大人彬彬有禮而遲鈍的時候，青少年粗魯而充滿生氣。他們懂得享受種種樂趣：沖個久久的熱水澡、穿上能展現他們獨特美感的衣服、想睡多久就睡多久、滿腔熱情地享受美食、讓自己怠惰一會兒、與朋友肢體接觸、跟密友大吵一架後又和好如初，還有音樂裡那種暴力、溫柔，或是關乎個人的愉悅感。他們不會邀請你參與讓他們著迷其中的事情，不過你通常也不會想要參一腳，然而若是你以尊重的態度觀察他們那般拿手地自我放縱，或許會為自己找到新的活力來源呢。

CH8

孩子闖禍的父母有福了，因為你能讓他們體驗真實生活裡的道德實驗室

你希望青春期子女能明辨是非對錯，能明白社會及家裡訂下的行為守則，還能以既自重，也尊重他人的態度做出決定。不過少了實驗室就沒辦法把生物學真正搞懂，少了嘗試、犯錯，也就沒辦法確實地傳遞某種價值觀。道德這件事可謂錯綜複雜，而青少年又天生只懂得從經驗裡學習。儘管你可以對家中青少年大談家裡的價值觀，可以把他送去主日學校和心靈成長夏令營，他也可以去上品格教育課程，或是試著去角色扮演抄襲、霸凌、偏見、正直、自重等等情境，然而就像小小孩得親身試驗舌頭與結霜冷凍庫之間的理論一樣，健康的青少年也必須親自摸索出成年人道德標準的真實樣貌。大人說某些行徑、某些態度是不對的，青少年得去探究那些說法的界線在哪兒：什麼時候、在哪裡、對誰、做什麼？我們說某些話的時候是認真的嗎？有沒有例外？

假若你是個沒多少零用錢的孩子，在商店裡偷了東西呢？要是你在那間店打工呢？後果會更嚴重還是較輕微？

如果你很精明，把歷史考試的答案寫在水壺標籤背面，再把標籤黏回去呢？

倘若某個朋友從其他孩子的背包裡拿錢，你幫他把風，自己卻一塊錢也沒拿呢？

假使你原本該幫鄰居照顧狗，卻趁機在他們家地下室辦了一場大型派對呢？

要是你在鬧區後巷裡賣大麻呢？

倘若你把作業借給某個朋友，幫了他一個大忙呢？

許多父母都覺得這些情況很嚇人，不過典型的道德實地考察正是如此。青少年找出這些問題的答案後，就會依照社會的行為標準發展出內化得更深的道德感。所有的青少年某些時候都會說謊、掩飾、溜出去瞎混、考試作弊、在店裡偷東西、違反幾條規矩，或是觸犯幾條法律，不過他們多半只是在進行一些或大或小的實驗而已，並不會從此就踏上通往監獄的生活。他們不能不趁還有你保護的時候做那些實驗，不能等到成年後，否則就得承受更嚴厲的後果了。別一發現他們道德感薄弱的跡象就驚慌失措起來，不然你就失去了扮演孩子道德管家所需要的沉著與堅決態度，無法教導他們那些實驗意圖揭露的真正意義。

父母是怎麼讓事態雪上加霜的？

當青春期子女違規犯法時，父母職責清單的首要之務便是停下一切動作，自問是否在無意間推波助瀾，促使家中青少年做出那些行為。正如獵人會用樹葉、藤蔓掩蓋陷阱一般，父母的道德陷阱也會被掩飾在清白無辜的外表之下。

忠心的陷阱

父母對子女太過忠心的時候，便會把家中青少年不合乎道德標準的行徑歸咎於環境使然。他欺騙是因為老師教得不好或教練不公平；她霸凌是因為被同學帶壞了；他犯法是因為缺少法律知識或體制規定太嚴格。某次我在研討會上發言後，有位學校行政人員來找我，哭笑不得地說：「我還小的時候，要是有誰回家抱怨被老師拿槍抵著頭，老媽只會問『你做了什麼好事讓老師拿槍抵著你的頭？』」然而鐘擺如今已盪到遠遠的另一端，要是學生犯了校規，家長便會隨即披掛上陣，急著為學校對孩子所做的錯事討回公道，而非因為孩子做錯了事而試圖撥亂反正。

若是你覺得急需保護孩子免受自身行徑所引起的後果，那麼請你重新定義忠誠吧。當你支持孩子狡辯或找理由的做法，或是當你表現得彷彿世道難行，你家青少年要是沒父母保護便會應付不來，那麼你就是在忠於你家孩子仍是小寶寶的那段往日歲月。不過當你讓孩子去體驗錯誤行徑所帶來的痛苦，並試著從那份痛苦中學習的時候，你便是在全心信任孩子未來能成為可靠、獨立的成年人。

寬容地保持客觀立場的陷阱

在孩子發展道德感的過程中，父母有時表現得不像是道德管家，反而像是客觀無私的治療師。因為我老公工作調派的緣故，我們從喬許小學四年級起陸陸續續搬了四次家，所以喬許得學會怎麼融入新環境。我覺得他應該是認為，只要在校車上賣快樂丸，就可以在國中這個令人心慌的龐大人際體系裡馬上認識別人。要是你從喬許的立場來看他的行為的話，就很容易理解他為什麼會犯這個錯了。

講求公正，或是在證據不足的情形下假定某人沒錯，這樣子沒什麼不好，不過如果你太超過的話，就會混淆了不當選擇的實際意義與引起的後果。當你把孩子的行徑合理化的時候，你不是在教他管好自己，而是在教他自我設限，教他認為自己太單純、不懂得自我克制，或無法學會怎麼不惹事生非地好好過日子。

拿過錯當有趣的陷阱

孩子的違法行徑是否讓你覺得很有趣？他們喧鬧作樂，是否讓你踏入了自己身為青少年時從沒造訪過的世界，或甚至是令你想起了那些愉快的時光？（我們國中畢業的時候，用除草劑把畢業年份噴在足球場上。）有位父親笑著對我說：「我從大學起就開始參加美國大麻種植法改革組織，所以跟奧利佛（他十七歲大的兒子）一起抽大麻也很『正常』嘛。」

倘若孩子的行為逗得你發噱，倘若你太過自信滿滿，認定那些行徑到了他四十歲就會變成有趣的往事，那麼你的態度便缺少了父母應有的穩重。你說不出孩子應當聽見的話，也就是「你瘋了啊？」或諸如此類的回應。就算你所說的話聽起來並不贊同他的行徑，但雙眼裡閃爍的光芒卻會洩了你的底。

代罪羔羊的陷阱

某些飽受苦惱的家庭會不自覺地拿青春期子女當代罪羔羊。在家庭治療裡，「被認定之病人」一詞指的就是為了這個家而讓症狀持續下去的家庭成員。當家裡出現問題時，被認定之病人會用憂鬱或反社會的方式回應，或是藉此掩蓋家裡的狀況。這些問題可能包括實際可見的情形，譬如某位父母物質成癮、外遇或虐待的種種行徑；也可能是沒那麼戲劇化卻存在已久的處境，例如父母對婚姻感到失望透頂；或是某種不成文的「家規」，譬如「誰都不准提到老爸脾氣不好」。被認定之病人就像所有的代罪羔羊一樣，還具有另一種功能：提供無止盡的談話題材，藉此把其他家人連繫在一起，並產生一種同舟共濟的團結感。今天學校又打電話來，你聽聽馬克斯和他那些哥兒們這回又惹出什麼事來了。當治療師處置被認定之病人的症狀、他病情也改善了以後，另一位家庭成員便會突然出現新的症狀。除非發掘出家庭問題病灶的真正所在，否則症狀便會輪番在不同家庭成員身上出現。

在再婚家庭新組成的混合家庭裡，成員都還沒適應這種波濤起伏不定的海上生活，因此格外容易把所有問題都歸咎在某位被認定之病人身上：這男孩子懶惰、不懂感激、不負責任，又總是偷偷摸摸的。你老是幫他說話。每次都這樣。要不是因為他，我們全都可以很愉快地相處。呃，或許吧，不過要讓新組成的家庭成員水乳交融，其實是一件浩大繁瑣的工程呢。

疲憊的陷阱

管教、引領青春期子女得費不少工夫，不僅跟成天追在學步期的孩子後面一樣累人，還少了能把容易心滿意足、充滿柔情蜜意的可人兒摟在懷裡的立即回饋。有時候父母會淡化家中青少年的壞行為，藉此避免面對這份艱難的長期任務：日復一日地與青春期子女起衝突，為他們的行為設定後果，並且落實後果。要是你花了太多時間讓自己忙碌不堪、上網，或是跟朋友、老師討論孩子的問題，而不是跟青春期子女面對面好好談一談，那麼你就是個偷懶的家長。這種心態是可以理解的，上網、避免衝突似乎比大吵一架簡單多了，你搞不好還會告訴自己你沒生氣。然而避免衝突很累人，而且最終將會讓孩子習慣耍一些滑頭的小手段。

＊＊＊

你是否曾經落入其中一種陷阱？或是落入不只一種陷阱？請別再浪費時間，由於自己有某些「缺陷」而鞭笞自己了。我們並不完美。請跨出下一步，改變對策。如果孩子做出壞行為的時候，你過於忠心耿耿、太容易原諒他，或是引以為樂，那麼你就是像戒癮療程裡所說的，正在增強那些行徑。要是你擔心青春期子女可能是被認定之病人，就像礦坑裡的金絲雀[28]一樣在警告這個家庭需要敞開心胸、需要新鮮空氣，那麼請找治療師尋求諮商。要是你累得沒法應付孩子，那麼你得停下來，評估一下自己擁有哪些資源，想辦法補充燃料，然後重新上陣。如此一來，你便有力量跨出下一步，也就是準備好公布家中青少年違規犯法時會有什麼後果。

請戰勝自身對後果的恐懼感

青少年進行道德實地考察的時候，若未因為自身不當的決定而遭受懲罰，就會辨識不了社會行為標準的樣貌，因此孩子行徑惡劣時，你得強制實行後果。

許多父母都為了落實後果而感到心煩意亂或困惑不解，尤其是當他們自己成長的時候，父母所採用的管教方式比較像是嚴厲的懲罰，而非有效的教誨：

你抽菸？拿去，我看看你抽一整包覺得怎麼樣！

或是當年你覺得被懲罰、被貶低的，不是自己做出來的行為，而是「自己這個人」：

回房間去不准出來。你這孩子真令人討厭。

或是雖然實際上並沒有任何後果，但你卻覺得被羞辱，而非被鼓勵了：

我看到你的成績單了。那些分數我早就料到了。

然而只要方式恰當，那麼處罰惡行或錯誤也是一種意味深長的教導手段。這些懲罰所傳達的訊息是：「哎呀。你沒事先想清楚。你做了錯誤的決定，結果讓我們花了錢，或是讓我對你說的話失去信心，或傷了我們家在這個鄰里裡的名譽，或讓我得擔心你，或害我被嚇得驚慌失措的。所以現在你得想辦法彌補。」

後果告訴我們方向：不是在這裡、這個時候、那樣子做；而是要在這裡、這個時候、這樣子做。父母要怎麼樣才能在教導孩子時，既在彼此之間維持充滿愛意的親子關係，也保持青春期子女生氣勃勃的靈性呢？拉比將會指引我們一條路。

28 canary in a coal mine，因金絲雀對一氧化碳十分敏感，故以前礦工會帶金絲雀進入礦坑，以做為示警之用。

悔改

猶太文裡的悔改一詞是「*teshuvah*」，意指「返回」，其中隱含的意思是，犯過之人只是迷了路，或偏離了正道。拉比認為，想要消除傷害、從過錯裡萃取出有意義的教訓來，最好的辦法就是以造福社會為宗旨，按著原本犯了錯的方式回歸正途。偉大的當代猶太道德學家，拉比約瑟夫．泰魯希金引用了十三世紀猶太拉比約拿．季倫迪的智言：

悔改的犯過之人應當努力藉著犯過之道向善……無論他是用身體的哪一部分犯下罪過，如今皆應做出善舉。倘若他用雙腳奔向罪過，如今就讓它們奔向善之偉業吧。倘若他用嘴說了虛假之話，如今就讓它吐出智慧之言吧。暴戾的雙手如今應樂於施捨助人……招惹麻煩的人，如今應締造和平。

當你教導孩子悔改的時候，你便是將他拉回了他自己惹出來的麻煩上，好讓他將受了侵害的恢復原狀。雖然自然產生的後果有其效用（開得太快，被開了一張超速罰單；又開得太快，被吊扣了駕照），不過悔改的影響卻更為深遠。悔改會把不端行徑轉變為自覺、力量。拉比指出，相較於未曾犯過的人，悔改的犯過之人離上帝更近。犯過之人曉得自己會受哪些事情誘惑，而下次遇到時不該怎麼做。他已變得成熟；他明白後悔的滋味。

請根據該為你們家庭，或是該為你們社區恢復些什麼（譬如信賴感、時間，或實質的物品），來為青春期子女不端的行徑決定出恰當的悔改。悔改可以很簡單：

你說你會去看牙齒，結果沒去，所以現在你要打電話給施密特醫生，跟他道歉，然後重新約診。

你會超過規定的時間才回到家？下個週末你要待在家裡，這樣我們才會清楚你人在哪裡，用不著擔心你。

你跟朋友把客廳弄得一團亂。請把客廳打掃乾淨，並把星期天空出來幫忙我清閣樓。

然而當青少年犯下嚴重道德過失的時候，悔改可能就需要多費點工夫了：

你趁我們不在的時候，在家裡辦派對，我們很難過，也很失望。你要把房子打掃乾淨，還要付錢把弄壞的東西修好。我們也要請你打電話給來參加派對的那些朋友的爸媽，因為你的行為危害到他們家的孩子，所以你要跟他們道歉。

當另一位成年人或某個機構為你家孩子的行徑決定了後果時，你該支持其做法，就算結果可能令人痛苦也一樣；而且除此之外，你還得加上自家的悔改：

史丹利老師說，你考試作弊，所以他會當了你這門課。這件事在學校那邊就這麼處理，不過為了糾正你的行為，我們還要請你下個月每兩週去一次學校的課後輔導當小老師。

德魯，我們會陪你上法院，法官宣讀對於你在店裡偷東西這項罪名的判決時，我們也會陪著你。不過無論法官怎麼判，我們都要請你彌補我們家的名譽，你得參加二十小時社區志工服務，清理購物中心周邊的草坪。

拉比席尼．舒瓦茲（Sidney Schwartz）創建了華盛頓猶太領導與價值研究院，該機構致力於促使年輕人行善；他把青少年形容為「一層厚實的自我中心地殼，覆著一口理想主義的深井」。儘管青少年自視為宇宙中心，卻也熱情洋溢、意志堅定，落實悔改能讓他們透過這些特質釋放能量。藉由為了不端行徑而「服刑」，青少年得以發展出更深、更成熟的道德感。

沉默是金

幫助青少年落實悔改的時候，毋須說太多。我在《孩子需要的九種福分》描述過指責

（溫和地說出口的申斥）以及對小小孩解釋壞行為這兩件事有多重要。被指責的時候，小小孩常會哭出來或覺得羞愧，就算他們為自己辯解，或是怪到姊姊頭上，你也會看得出來他們把你說的話聽進去了。但青少年卻會嗤之以鼻，甚至還會老練地反駁你：

從GAP拿一小瓶爽身霧哪有什麼大不了？他們東西賣得那麼貴，我每買一件T恤，就好像被他們搶了一次錢一樣！我只是把事情扯平而已。

九十公里耶。爸，時速九十公里耶！這真是太誇張了。要是開時速九十公里的話，就算是開在外線道，其他的人也全都會超你車。而且你看，我前面**沒半輛車**。半輛也沒有。結果我還被開罰單。真是**有夠莫名其妙**的。

我以前從來沒那樣做過，我不知道你**為什麼**要這樣小題大作。我以前安安份份的都不算數嗎？我就是太聽話了，問題就是出在這裡。現在我只要做錯**一件事**，天就好像要塌下來似的。

當你聽到這種回應的時候，簡直會不禁想要拿出六法全書當場翻給他們看。你家孩子會用「可是」開始說話，而你也會旋即奔上法庭捍衛立場，卻永遠找不著路回到真正的問題上（「可是媽，妳自己說過……」）。也或許你會想辦法把話說得更加誇張，好確保孩子接收到訊息了。我曾經幫一位母親做過諮商，她因挫敗而大為光火，結果脫口對兒子說：「你把我的生活給毀了，希望這下子你覺得開心。」她無意羞辱兒子，然而這句話的效果卻正是如此。她原本只是因為兒子似乎把她的話當成耳邊風，或是對她說的話不為所動，所以十分受挫而已。

當你宣布後果時，請確定自己有把問題所在講清楚，不過別就這樣子說起教來了。反正你說了一、兩句話後，青春期子女就會自動把你的話消音。他們是行動派，若希望跟他們溝通奏效，那麼你也得當個行動派的父母。請簡潔清楚地把問題界定出來，當他們抗議或反擊時別去理會，然後說明你家青少年必須實行什麼悔改——亦即用哪種方式去彌補過錯。

堅持到底、貫徹始終

落實悔改需要全面犧牲，你家青少年得放棄某些東西（自由、玩樂、錢或時間），你也一樣。為了實行設定的後果，你也得有所付出。要是你家青少年被罰禁足，那麼你也得待在家裡；要是你家青少年落實悔改的方式是在課後輔導時間當小老師，那麼或許你得開車接他回家。若是你沒堅持到底，悔改就會變成用意良善卻空洞的宣言。所以，在你宣布後果之前，請先確認自己在這方面是否有任何弱點：

- 你是否很忙、很健忘，或是做事欠缺規畫，以致於把為了讓青春期子女彌補過錯而訂下的計畫拋到九霄雲外？（若是如此，孩子就會把你的指責當成平常的嘮叨，只要別去管，那惱人的噪音自然會消失。）

- 你是否莽撞急躁，在盛怒之下訂出嚴厲的後果，然後又把話收回來？你是否覺得大發一場脾氣就能宣洩情緒，而且只要激動地好好唸他們一頓就足以讓他們乖乖聽話了？（事實並非如此。你家孩子只會認為你是在「鬧父母脾氣」。）
- 你是否會把矛頭對準了孩子，把孩子以前犯的所有過錯全拿出來翻舊帳，或是說「你老是」或「你每次都不」？（這種態度會使你家孩子意志消沉，卻無法鼓勵他改善行為。）
- 你是否會做做懲罰「樣子」，然後又害怕扯斷了連繫自己與青春期子女的那條脆弱細線，結果反而帶他去吃冰淇淋？你是否讓孩子拜託你、求你、用甜言蜜語打動你，或是扯開重點，讓你忘了懲罰這回事？（若是如此，那麼你就是在教孩子用施展魅力的膚淺手段來操縱別人。）

徹底落實壞行為所帶來的後果，或許比提供舒適衣物、營養食物更困難，但重要性卻不下於這些基本需求。正如讓孩子溫飽一樣，堅持落實後果不僅意味著你盡了本分，也展現了你對孩子的愛。

不只是後果而已——與青少年子女的惡之衝動交戰

當孩子正處於試驗社會道德界線的正常成長過程之時，孩子能如何藉由悔改獲益，猶太教義已闡述得十分清楚。然而猶太教誨也描述過一種無法用「道德實驗」簡單帶過的惡行源頭——我指的是在第五章提過的概念：惡之衝動，亦即人人都有的邪惡傾向。雖然父母可能會希望消滅自家青少年的惡之衝動，但我並不建議那麼做。古時候的拉比認為，儘管惡之衝動會讓我們惹出麻煩來，然而有了惡之衝動，生活裡才會充滿活力、充滿熱情。人類歷史上每一份卓越的成就都得歸功於惡之衝動，毀了惡之衝動，就等於毀了孩子的靈性。

不同的人所展現的衝動各有千秋。衝動在你家孩子身上展現的方式，對你來說也許前所未見、千奇百怪、相當可怕，然而衝動裡暗藏了種種潛能，因此你在面對它時，應當帶著好奇心，而非帶著偏見。衝動猶如火焰，既能被善用，也能釀出大錯。衝動猶如火焰，我們得保護它、尊重它，不能讓它熄滅。我們身為父母的職責，是幫助孩子學會以最好、最崇高的目標去運用自身的衝動——用於創造，而非用於破壞。孩子長得愈大，運用衝動的方式也就愈嚇人。在小小孩身上，衝動只是閃爍不定的火星，他們會使性子、鬧脾氣時停止呼吸超久、咬人、撒謊、爭東西、向大人告密、捏寶寶捏得太用力——這些作為實在太可愛了，父母可能只會想要錄下來放到網路上。不過在青少年身上，衝動卻可能成了四級火警——衝動能毀了成績單和名譽已是眾所皆知之事，它或許會燒了孩子通往未來的橋樑呢。

你該如何尊重、保護青春期子女那威力強大的衝動？你該如何保護他的創造力和熱情，另一方面也幫助他長成有擔當的成年人？當你家青少年對你撒謊，接著又編其他謊來圓謊的時候；當他讓家庭蒙羞，或是壞了自身名譽的時候；當他欺騙、偷竊的時候——在這些時刻，請你務必要落實後果。除此之外，我也建議你把青春期子女的惡之衝動看分明。請把它弄個清楚。請善用它好的一面，還要讓它妥善運作。這整個過程將從區辨孩子惡之衝動獨特的本質開始。

亞梅拉與性慾衝動

關於十四歲女孩亞梅拉的傳聞，由某家女兒告訴了母親，再透過那家母親轉述傳到了亞梅拉的母親蘿勒耳中。亞梅拉在表演後的慶功宴裡跟兩個男生熱吻，且下課後沒像原本說的那樣去圖書館念書，而是好幾天下午都窩在某個叫尼克的男生的兄弟會宿舍房間裡。

她撒謊的行為讓父親傑夫怒火中燒，母親蘿勒則因為女兒在公開場合不檢點的行徑感到非常丟臉。蘿勒頗為自責：亞梅拉怎會那麼不潔身自愛？他們的家庭裡究竟是少了什麼？兩位父母也都擔心亞梅拉輕佻的行徑會危害自身健康及名譽。

我和蘿勒、傑夫討論這個問題時，他們都同意亞梅拉必須悔改。由於亞梅拉謊報自己的行蹤，所以如今得把說過的其他謊話，或真假參半的謊言全都和盤托出。而更實際的懲罰是禁足一個月，等到一個月快結束時，蘿勒和傑夫會重新評估能不能信任亞梅拉。不過我還關心其他方面的事情：我想弄清楚亞梅拉的惡之衝動具有哪些特質。

剛開始這個過程的時候我常會問父母，孩子還小時，什麼事情會讓她喜孜孜的。看到煙火，或是在海邊看到陣陣海浪時，她會雙眼發亮嗎？她是否一聽到音樂就開始轉呀轉的，或是跟著唱了起來？她喜歡學媽媽切菜嗎？她喜歡讓感官舒服的事物或性感的東西嗎（譬如蓋一條絲絨毯子、光著身子跑來跑去、偷瞥一下爸媽不准她看的事物）？她喜歡四處晃、探索不同地方嗎？她是否把房間整理得井然有序，念幼稚園的時候還假裝做「回家功課」？她表現得像是鄰居孩子群裡的老大，還建立起小團體，幫每個人指派工作、責任嗎？還是她很愛開玩笑、愛逗別人發笑？她喜歡用毯子把自己和三個最愛的布玩偶裹得緊緊的，就這樣舒舒服服地待著嗎？他是否是個好奇心旺盛的小人兒，老是問「他們為什麼會那樣想」，問事物是怎麼運作地問個不停？這些答案可以幫你把孩子最棒的特質用青春期的模樣重新描繪出來。

我問蘿勒和傑夫，當亞梅拉開開心心地剛上小學的時候，當荷爾蒙、課業壓力、社會壓力都還沒讓她覺得吃不消的時候，她最喜歡做什麼？他們費了點工夫才想起來，不過接下來便開始滔滔不絕了。亞梅拉愛玩培樂多黏土。她會做出完美的小冰淇淋甜筒，把冰淇淋旋得乾淨俐落，還會做出青豆、玉米晚餐，把熱狗放在圓麵包上，一旁還擺了摺得整整齊齊的培樂多大圓點餐巾紙，一起玩耍的堂妹著迷得不得了。亞梅拉也對常常感冒的嬰兒娃娃瑪麗寵愛有加，總是抱著她搖呀搖，直到她睡著。蘿勒和傑夫想起那個感性、喜歡照顧人、富有想像力的女兒後，便開始眉開眼笑的——而這些特質也是那位愛挑釁、不檢點的青少女的另一面。此刻我們已經走在了解亞梅拉惡之衝動的路上了。

要區辨出青少年惡之衝動的獨特本質，我們得考驗一下自己的眼力，就像想要從魔眼海報、圖書裡看出令人驚嘆連連的美麗立體圖案，就得先用不怎麼熟悉的方式讓眼睛焦距渙散一樣。起初我們只看得到表面的普通幾何圖形，但是打破表象、讓視線穿過了圖形後，我們便進入了全新的場景。一隻恐龍！七隻在水裡遨遊的天鵝！一尊色彩鮮豔的大理石像！

當你像蘿勒、傑夫一樣因為怒火、因為心灰意冷而被侷限了視野的時候，請停下來，瞧瞧四周吧。這不甚熟悉的景色可能會讓你目不暇給。惹出你家孩子一堆問題的，或許是那聰明才智，或許是那浩然勇氣，也或許是那慧黠靈性。請試著從更宏觀的角度看待這一切。就像蘿勒和傑夫能從亞梅拉的輕佻行徑裡看出那心頭充滿溫情、善於照顧人的孩子一樣，你也可以從不同觀點看待你家孩子惹出的大麻煩。

父母可能會抱怨：「我兒子考到了初級駕照，半年內還不能載人，結果他載著好幾個朋友超速開車。他被開了一張超速罰單，沒被吊扣駕照算他運氣好。還有，這個月他已經有三次超過規定時間才回家了。」你可以拿這件事當做線索，想想那小小孩有什麼樣的本質和性情：他一看到大海、煙火，就會興奮得不得了。

也可能是以下這些情形：

- 「我們發現麥爾坎上個星期五晚上跟女朋友先去看了史酷比卡通，然後把廂型車停在湖濱大道邊，兩個人一起吃棉花糖。我們問他腦袋裡在想什麼，他說，『這樣子很好玩哪，感覺像是在露營還是變成了遊民一樣。呃，諸如此類的。』」他喜歡把自己裹得緊緊的，就這樣舒舒服服地待著。
- 「她騙我們。她說要去一個朋友家，結果是跟我們完全不認識的其他孩子跑去參加派對。」她很愛四處晃，探索不同地方。
- 「他考試作弊被老師抓到了。他沒準備考試，反倒跟那些笨蛋朋友花一堆時間做笨蛋影片放在網路上。」很愛開玩笑、逗別人發笑，喜歡成為焦點。
- 「我們發現她在網路上欺負其他女生。」是孩子裡的老大，老是建立起小團體。
- 「英文老師在連絡簿上寫說『他很容易跟同學起爭執』。家長座談會的時候，她告訴我們，他認定自己是對的，固執得簡直都沒禮貌了。」好奇心旺盛，總是問「為什麼？」或「這個東西是怎麼弄的？」問個不停。

一旦你想起了孩子童年時的良好衝動能量（那輕快旋轉、跑來跑去、逗得你哈哈大笑、打破砂鍋問到底的孩子），就能開始面對那股能量，幫助青春期子女把它導向更有益、更令人滿意的方向。

疏導惡之衝動

當青少年那血氣方剛的獨特衝動擁有具有建設性的出口的時候，青少年表現得最好。某個女孩若是具有直言不諱的好辯衝動，便可能會質疑學校限制了學生參與校規訂立過程的權利，還鼓動同學要求校方改變。而運動作風大膽的衝動，可能會讓她喜歡在滑板公園裡碰碰作響地旋轉、翻轉那塊長型滑板。那麼亞梅拉呢？除了跟對她來說不怎麼重要的男生瞎混之外，她的才能及與生俱來的愛好還有什麼樣的出口呢？

我和蘿勒、傑夫反覆思量。照顧小孩子怎麼樣？當保姆能讓她覺得自己像個高高在上的女王似的，也能對別人有所貢獻。「亞梅拉來了！愛麗妳看，她綁了辮子耶！亞梅拉，妳以前從來沒綁過辮子對不對？今天晚上我們可不可以幫老鼠先生和露西做培樂多晚餐？」或是演話劇怎麼樣？可以滿足她被稱讚、覺得自己與眾不同的渴望。念藝術課程呢？上烹飪班？一個個點子如雨後春筍般不斷冒出來。接著我提醒蘿勒和傑夫，我們面對的可是難纏易怒的青少女呢。

別強迫推銷

青少年把衝動視為性格裡珍貴的一面，所以他們會保護衝動、忠於衝動。要是蘿勒對亞梅拉說：「我們來幫妳那些絕妙的才能找些有益身心的出口吧！」那麼她比較可能聽到的回應是：「呃，謝謝，不用了。」青少年天生就會對父母提出的任何一項建議都心存疑慮，尤其是那些聽起來像是在說「妳有些特質不大好，我們想幫妳盡快擺脫它們」的話語。想要誘使衝動踏上新的方向，你就得做得巧妙一點，還要持之以恆。使出一點小技巧，你也能利用你家青少女的自戀傾向，讓她把你的點子認為是她自個兒想到的。

蘿勒建議亞梅拉去參加音樂劇的春季試演。亞梅拉回道：「我不喜歡戲劇社那些人。全都不喜歡。他們太快樂了。」顧小小孩：「很噁耶。小孩子會吐，而且還要幫他們換髒尿布。」後來蘿勒就放棄了這種擺明了在推銷的方式。某次她不經意提到市中心的工藝中心開了一間陶藝工作室：

> 我打算順道過去看看他們願不願意參加幫學校募款的拍賣活動，回家路上會經過百貨公司，要是妳想找新靴子的話，我可以帶妳去專櫃看看。

亞梅拉一副意興闌珊的樣子，「喔，應該可以吧。」

到了工作室後，亞梅拉端詳那些陶製品，蘿勒則盡其所能地跟店員聊久一點。離開前，亞梅拉決定報名參加一個陶藝課程。「我不見得會喜歡這個課程，」她先對蘿勒挑明了講。

第一週：其他人都很奇怪。我說真的。沒半個正常的。真不曉得他們從哪兒找來這些人。我還一直在等他們開始唱愛國歌曲咧。而且我們要等到上了一個月以後才能用轉盤。我們今天只有把陶土搓成一條一條的。根本就像在上幼稚園嘛。

第二週：嗯，有一個女生好像還算正常。

第三週：班上有兩個女生我還滿喜歡的，我們做了很棒、很高的圈柱燭台……我做了四根不同高度的。看起來有一家人的感覺耶……下星期我們會開始捏瓶。工藝中心要辦英國包浩斯陶器的展覽，我們今天下課後幫忙把展覽品拆箱。

第四週：轉盤有夠煩的。太難了啦。這世界上有兩種人，一種人馬上就上手，另一種人永遠都學不會。

第十週：十二月的時候工作室要幫學生辦成果展，我那一家子燭台也會展出來。妳和爸可以來看展覽嗎？我們可不可以也請曾奶奶、曾爺爺一起來？

這前前後後花了將近一個學期的時間，不過亞梅拉最後在工藝中心找到了感性、創造力，以及第二個家——而不是在尼克的兄弟會宿舍裡。

做好退避三舍的準備

根據明尼蘇達大學兒科學系及公共衛生學系教授邁可・瑞斯尼克（Michael Resnick）形容，青少年是「尚待開發的才智資源，而非尚待解決的問題」。與惡之衝動為友，意味著對孩子的才能及怪癖敞開心胸，就算你並不希望他擁有那些才能、怪癖也一樣。為了幫助孩子疏導惡之衝動，你可能得放下自己為孩子描繪出來的生命遠景。如此一來，無論衝動拖來了什麼沾滿泥濘的寶貝，你都能張開雙臂歡迎。請做好準備，讓衝動在妥善引導之下，浮現為孩子對你討厭之事物的澎拜熱情：聽死亡金屬樂、跳啦啦隊、吃素、踢觸身式橄欖球、參加預備役軍官訓練團、贏了球賽後被隊友拋得高高的、支持極端的猶太復國主義，甚至是一季又一季地在學校音樂劇裡演一個小角色。只要保持微笑就好，無論青春期子女在做什麼，都帶著好奇心去看待，並且克制住這樣子問他的衝動：「你覺得這件事對你申請大學有什麼好處？」

也請你要記得，衝動今日的面貌（工藝中心裡的陶藝品）可能會跟你下個月或明年所見到的不同：

媽，我在弄學生報的排版。不是啦，不是那份，是地下報紙。這份叫做《糟啦報》，我們的座右銘就是「有責任、沒權力，只會淪落為奴隸」。麥特他爸認識美國民權聯盟裡的一個律師，他會幫忙我們向學校抗議這份報紙的禁發令。誰都嘛知道那條禁令顯然侵犯了第一修正案賦予我們的權利。

在這個當下，請對自己說「哎呀」。多多說「哎呀」吧。然後提醒自己：少了才能、靈感、努力、奉獻，那麼不管是合法的學生報，還是地下的學生報，都不會存在。提醒自己，惡之衝動變幻莫測、多采多姿、獨一無二，而且是「*tov meod*」——很讚的。

當你需要他人助你一臂之力

青少年那些不合乎道德的行徑，有時無法用道德實驗或朝氣蓬勃的惡之衝動來解釋，有時他下決定的習慣會顯示他需要外界協助。

健康的青少年會把自己犯的過錯怪在別人頭上；會在真話裡摻點小謊；會表面上順從爸媽，卻暗地裡偷偷摸摸的；會大發脾氣，也會竭盡所能避免攬起太麻煩的責任……但他們並不會老是這樣。要是你家孩子說話時常常用「我不知道為什麼」起頭，而結尾時往往宣稱自己為了沒做過、沒那個意思，或跟他不相干的某件事情被錯怪，那麼你就得當心了。你也得留意他是否不論遇到什麼麻煩，都會馬上用「就是這麼不巧嘛」、「我不該那個時候去那個地方的」、「他們看我不順眼」這類解釋來回應。

我不知道為什麼我的腳踏車（或筆電、手機）又被偷了。

我不知道為什麼派對上那個王八蛋和他那兩個朋友要動手，可是我得保護我自己呀。

我不知道為什麼滑板公園的管理人員不准我進去。

我不知道為什麼金恩老師說我有四份作業沒交，我都交了啊。大家都曉得金恩老師老是掉東西，你去問問看就知道了。

那個女生整個晚上都纏著我不放，我又沒逼她做什麼她不想做的事。

我不是故意要耍他的弟弟或家裡的狗。我們本來只是在玩而已。

長期而且始終無法為自身行為擔起責任，並非青少年典型的舉止。父母可能會愈來愈習慣孩子過分的行徑，最後對之視而不見。最能可靠地提醒你青春期子女的行徑超出了一般青少年實驗範疇的警訊，可能來自外界，尤其是來自教育工作者。天天面對一堆青少年的專業人員視野較廣，所以倘若老師認為你家孩子的麻煩大了，請嚴肅以待。你也該注意其他孩子透露出來的蛛絲馬跡。當其他手足害怕獨自跟某位哥哥或姊姊在一起，或是當好友不再跟他往來時，請仔細評估這種情況。另一方面，也要留心自身的反應，去想想自己害怕親生子女、覺得孩子在家時得把錢或酒鎖在抽屜、櫃子裡，或是不帶全家去度假，因為青春期子女會把其他家人弄得不好受，這些情形並不算常見。當這些狀況出現的時候，你家孩子的行徑可能是在緊急呼救，而專業協助將能幫助你解讀求救信號的內容。

以身作則

幾乎每一場演講結束時，我都會引用一句話。這句話是哈西德派的拉比梅納赫姆・孟德爾・寇茲克（Menachem Mendel of Kotzk）所說的：「若你真心希望孩子讀律法書，請親自在他面前讀。他將會按照你的榜樣去做。否則他自己將不會讀律法書，只會要求孩子去讀。」為何我已經演講過幾百場了，卻還是繼續把這句話拿出來說呢？為什麼不找更新潮一點的句子呢？

因為以身作則給孩子看，而不光是告訴他們該怎麼做，可謂難若登天。而在所有我們希望親身示範的榜樣當中，最重要的便是正直誠實的行為了。

我到美國各地的學校演講時，聽過許多父母以幫助孩子為藉口做出各種不道德的行徑，聽了簡直令人下巴都要掉下來了：

有位高中升學顧問打電話給某個家庭，想跟家長討論他們女兒適合用哪一種入學方案申請心目中的大學。沒幾秒，升學顧問就接到回電了。

「那個家長馬上就回電話給我，快得讓我還以為自己是在白宮裡接國家安全熱線咧，」她對我說。回電話給她的，是學生的父親。電話那一頭有些怪怪的噪音，她聽不清楚對方說的話。

「那是什麼聲音？」我那位當顧問的朋友問道。

「喔，沒什麼啦，」那位父親馬上向她保證沒事。「沒問題啦，我可以講電話。我只是在做結腸鏡檢查而已。」

升學顧問結結巴巴地說，她還是晚一點再跟他談好了。

另一位父親則假冒兒子，寫了一封電子郵件給英文老師，想要跟老師討期中考的分數。（這伎倆失敗了。老師很清楚學生的用字遣詞，結果識破了這名騙子。）

另一位高中升學顧問則告訴我，有次她打電話給一名高三生，想誇獎她把申請大學的自傳內容修改得不錯。

「看來妳決定在自傳裡加進妳跟表妹去玩的事情，我讀到那一段的時候真的覺得很感動，」升學顧問說道。

「嗄？」

「就是妳跟自閉症的表妹去大峽谷旅行那一次呀。」

「我的天哪。」那女孩的聲音頓時變得沒力。她突然間聽起來就像個厭倦世間俗事的成年人。「我知道這是怎麼一回事。我會處理的。」原來是母親偷偷幫她重寫自傳，加進那次經歷，然後放進申請文件裡。

「最恐怖的是，她一聽就知道她老媽做了什麼，」升學顧問告訴我。「她的口氣就好像在說『又來了』。」

當我在演講中提到這些例子的時候，聽眾往往會不約而同地被「那些糟糕透頂的父母」嚇得倒抽一口氣。接著我卻會告訴他們，「我們很容易從這些偏激的行徑裡看出愚昧之處，但是我們自己又怎麼樣呢？我們違反了哪些規矩？我們找了哪些理由？這樣子又會對孩子造成什麼影響？」

青少年似乎不大留意父母。他們總是心不在焉或心事重重的；他們的腦袋瓜總是垂得低低的、視線盯著手機螢幕不放。但是別被騙了。青少年會觀察你所有的一舉一動。他們很快就會意會到你行為裡的虛偽之處，還會把它拿來合理化他們為是非對錯訂下的彈性定義。

既然青春期子女不像小時候一樣想要一直賴在你身邊了，就好好利用這份自由吧。請把這份自由花在自己身上，研究自己有沒有言行不一的地方。

- 你是否違反了校車的搭車規定，卻希望孩子遵守家規？
- 你是否要十二歲的孩子謊稱自己十一歲，好在看電影時幫她買半票，但是發現她在商店裡偷東西時卻怒不可遏？
- 你是否對孩子大吼大叫，但若是青春期子女對大人說話時提高了嗓音，你就會忿忿不平？
- 你是否會說朋友、家人、鄰居、學校行政人員的閒話，卻又希望孩子和氣地對待兄弟姊妹？
- 你是否要求孩子節儉，卻又把超出自身能力的費用花在度假、衣裝、電器產品上？
- 你是否會以生病為由，不去工作或不參加某個社交活動，然後跑去某個你更想去的場合，卻希望青春期子女高三最後一個學期每天都乖乖去學校上課？

行為道德學這門課，青少年雖然上得心不甘情不願，卻又表現得格外聰明。你身為父母，得為各個孩子及其惡之衝動的獨特本質量身打造課程。你必須嘗試、犯錯，藉此決定哪種方式最能讓她展現自身喜好，並彌補犯下的過錯。你全心投入這門課，你把教學方案編了又編，你尋求所需的各種諮商與專業協助，然而這一切所作所為並不會馬上獲得回報。蓓寧娜．舒拉姆（Peninnah Schram）這位講道者（*maggid*），蒐集猶太傳說的說故事大師，在其於二〇〇八年出版的《飢餓的衣裳以及其他猶太傳說》（*The Hungry Clothes and Other Jewish Folktales*）一書裡所提到的畫圈者何尼（Honi the Circle Maker）的故事，便可說明這種情形：

有一天，畫圈者何尼走在路上，看見一個老人在種角豆樹。何尼向老人問安，然後問他：「這棵樹要多久才會結果？」

老人回答：「要等七十年。」

於是何尼又問：「你覺得自己活得了那麼久，吃得到這棵樹的果實嗎？」

老人答道：「也許吃不到了。不過我生下來的時候，這裡就長了很多我父親和祖父種下的角豆樹了。就跟父親、祖父為了我種樹一樣，我也在為我孩子、為我孫子種樹，這樣子他們就吃得到這棵樹結出來的果實了。然後哪，就由他們自行決定要不要為子孫種更多角豆樹了。」

我們肩負起在青春期子女身上種下良好價值觀的責任時，便是在投資孫子的生活。我們傳給孩子什麼樣的道德觀，他們便會把什麼樣的道德觀傳給孩子。我們希望孩子誠實、有同情心、有耐性、勇敢無畏，還能體貼他人。要是某天他們得做結腸鏡檢查，那麼我們希望他們會讓高中升學顧問先在電話另一頭等一會。

CH9

孩子宿醉的父母有福了，因為你能讓他們正確看待性關係、飲酒和嗑藥

二〇〇九年六月，美國兩名高三生租下一家夜店，在高中舞會結束後緊接著辦了一場續攤派對。這兩個男生每張門票賣四十美元，他們雇了DJ、脫衣舞孃、保全人員。去參加的學生多半輕而易舉地用假證件騙過酒保，而女孩子醉得站都站不穩的時候，保全就會把她們攙扶到一個臨時醫務站。盛傳很多學生都嗑藥嗑得恍恍惚惚，有的還在接送專車送他們回家的路上發生了性關係。主辦人淨賺了大約一萬五千美元，而參加派對的學生則表示當晚過得很開心。

同樣是在美國，幾名高中生拍了一段色情片，由他們親自主演。他們後來宣稱那是意外——有兩個學生搞上了，某個人又剛好有一台攝影機。無論究竟是不是意外，總之那段影片後來被拿去學校裡的男生更衣室播放。

就在我住的這個社區裡，有個高一生在家辦了一場派對。她原本列出四十位賓客的邀請名單，她爸媽打定主意要緊盯這場派對裡所有一舉一動，不料派對風聲透過簡訊和電話傳出去後，附近城鎮的其他孩子竟紛紛湧來。到了晚上十點，已有近百名青少年擠過吃驚得目瞪口呆的兩位家長身旁。大約十一點時，有兩名十五歲青少年昏倒在二樓洗手間外的地板上，其中一名女孩後來得洗胃。醫生說她因為酒精中毒，差點丟了小命。

＊＊＊

性、藥物、酒精，這些事把大人嚇得渾身發抖。他們不停尋思，怎麼做才能避免這種羅馬暴君卡利古拉式的放縱行徑？

當夜店續攤派對這次事件的消息開始不脛而走時，校方舉辦了家長座談會，意圖探究哪裡出了問題。家長及校方想要討論怎麼做才能避免這種狂歡作樂的情形在未來重演。然而最後眾說紛紜、莫衷一是。有人要求公開指責辦派對的兩名男生，有人責怪准許子女去參加那場派對的父母。有些家長認為學校該停辦高中舞會，如此便可確保沒有什麼續攤派對、接送專車、假證件之類的事。還有一群家長採取的觀點是，只要把藥物和青少年飲酒合法化，孩子就不會偷偷用藥、偷偷喝酒了。而學校的心理學家則指責媒體，她表示，當瑪丹娜和小甜甜布蘭妮在音樂錄影帶獎典禮上親嘴，以愚昧的意圖藉此拉高收視率，卻不顧社會觀感的時候，我們又怎能期望學生舉止得體、端莊穩重呢？她建議家長把家中青少年的注意力導至更合乎道德的娛樂上。

這些家長提到的每一種因素，多多少少都難辭其咎：不負責任的青少年、意志力薄弱的家長、不合乎現實需求的法律，還有瑪丹娜和小甜甜布蘭妮。諸如停辦高中舞會、藥物全面合法化的偏激解決之道，雖然狀似簡單，卻後果堪虞。然而性、藥物、酒精等等議題令人又難堪又害怕，還得小心處理，於是跟那些極端的解決之道相較起來，努力思考該如何訂出規矩，該如何跟青春期子女討論什麼樣的性、什麼樣的用藥和喝酒方式符合他那不斷變化的成熟程度，因而雙雙被捲入這場剪不斷、理還亂的混亂之中，便顯得複雜、難為多了。許多父母都不確定自己對那些議題究竟抱持什麼立場，正因如此，這件任務才如此令人卻步。他們一方面不確定禁戒有沒有用，另一方面卻也不贊成家中青少年喝得醉醺醺的。這個時候，猶太教義的中庸原則將能及時指引我們方向。

上帝要求人們栽種葡萄

古時候的猶太哲學家顯然發現了放縱有何壞處。他們針對暴飲暴食和酩酊大醉制訂了法律，還指出聖經的創世紀早就警告過無法自我克制的人會落得什麼下場。上帝前一分鐘才創造出世界，放入了美好的、合乎道德的各種新生事物，可以「悅人的耳目」，下一分鐘便訂出享受這個世界時有何規範。他為亞當和夏娃提供了種種歡樂，**除了一種之外**——那邊那棵樹上的蘋果。

當然囉，這條禁令反倒讓那棵樹和那些其貌不揚的蘋果看起來格外吸引人。雖然亞當和夏娃可以在伊甸園裡任何一個角落體驗感官愉悅，卻無法克制自己別去碰那顆蘋果。自此之後，江河日下，簡而略述之，人類最後落入了享樂主義。上帝決定驅逐祂創造出來的第一批文明人，用洪水沖走他們，然後重來一遍。他命令挪亞這位世界上唯一正直的人建造方舟。大雨下了很久很久，烏鴉飛了、鴿子飛了、一道美麗的彩虹出現了。上帝在新的乾燥土地上讓挪亞和家人開始過新生活。不過上帝是否準備了一個沒有葡萄酒和果汁，只有鹹餅乾和水的世界呢？

並非如此。根據聖經註釋，上帝要求挪亞把栽種葡萄藤的幼樹、枝椏跟動物一起**帶進方舟**。洪水過後，農夫挪亞所做的第一件事便是搭建葡萄園。據我們所知，沒多久後他便喝醉了，半裸地醉倒在帳棚裡。他兒子無意間遇上了，於是其中兩個兒子把他身子蓋好，免得他丟臉。除了這次喝太多的事件之外，上帝從來沒要求過挪亞剷平葡萄園，也從沒要求他戒酒。種葡萄、釀酒、用酒慶祝，被視為洪水過後新世界的文明象徵。

在猶太信仰裡，酒佔了相當重要的地位。上帝要我們在聖壇上用葡萄酒當聖餐，而無論是在猶太會堂裡還是家裡舉辦儀式，葡萄酒也必不可少。啟始安息日及其他節慶時必須吟誦的祝酒辭（*kiddush*）[29]便是用葡萄酒來祝禱，藉此象徵從世俗時光裡的工作日轉換為神聖時光。律法還特別規定了將誡命美化（*hiddur mitzvah*），我們必須準備特別的食物，桌上要擺放鮮花，還要準備葡萄酒，藉此提升安息日和其他節日。我們在《聖經》的〈傳道書〉裡會讀到這句話：

你只管去歡歡喜喜吃你的飯，心中快樂喝你的酒，因為神已經悅納你的作為。

29 希伯來文的「*kiddush*」有「使神聖」的意涵。

為何禁戒是對上帝不敬？

猶太傳統鼓勵適當飲酒，禁戒反倒被視為危險的作為。請看看約束拿細耳人（Nazarite）的那些異乎尋常的誡律。拿細耳人這個詞源自「*nazir*」，在希伯來文裡意為「放棄」或「獻身的」，他們立誓遵守不喝葡萄酒、不剃頭、不參加葬禮的誡律。（有意思的是，就連拿細耳人也不需要戒性。）這段禁戒的日子往往不算太長，大約持續一個月；禁戒結束後，拿細耳人會獻上許多祭物給上帝以表示回到世俗世界，其中包括贖罪時往往會獻上的母羊。為什麼要這麼大費周章？為什麼要在禁戒後獻上用來贖罪的祭物呢？因為根據巴比倫猶太法典所述，禁戒跟沉溺在被禁止的行為裡一樣危險：

> 守禁戒的人彷彿在頸上加了鐵箍；他猶如建起禁戒祭壇；他猶如佩著一把劍，以它刺入心臟。律法書所禁止的，對你已經足夠。不可增加更多戒律。

這裡所說的鐵箍，是用來隱喻讓人避免縱慾的方便之門。要是你在脖子上套了一個又大又重的鐵圈，就用不著決定要不要來杯酒了。你頂多只能勉強低頭聞一聞那美妙的芬芳。要是你禁戒得太久，就會發現自己建起了「禁戒祭壇」，意味著你崇拜自身的自制力。（得了厭食症的女人和女孩子也具有類似的道德優越感。這種令人同情之情況的病因錯綜複雜，而其中一種便是以自我提升的樣貌出現的：我不像你們這些貪吃的凡人，我可是超越了肉體限制呢。）那把「劍」便是由於不讓自己有機會去珍惜大自然的產物而產生的痛苦。不只如此，拉比還警告道，禁戒會讓我們疏離親友、讓我們遠離連繫人們的慶祝活動和儀式。禁戒這條靈性的方便之門會遏止我們全心全意投入生活之中，就像急速減重會讓我們無法正常飲食一樣。

（拉比明白我們有些人不能喝酒，所以倘若「不能飲酒或身體情況不適合飲酒」的話，也可以有例外。在這種情況之下，我們獲准禁戒，但必須以其他的感官歡樂代替飲酒，譬如食用香味特別濃郁的食物。）

秉持中庸態度的意思是，父母不能一看到孩子受誘惑，就對他大喊：「拒絕就對了！」意圖藉此扼殺孩子享受歡樂的能力，卻也不能對放蕩、危險的行徑睜隻眼閉隻眼。然而這些青少年正處於不懂得節制的自然成長階段，我們有可能教導他們何謂中庸之道嗎？父母會問我，「嚇唬我家那個愛冒險、荷爾蒙分泌過多的青少年，好讓他別去做那些危險的行為，難道不算是謹慎小心的做法嗎？用一條短繩栓著青少年，別讓他們接近任何可能有害的影響，不是比較好嗎？」這時我總是回答：「要是你不趁現在教他們中庸之道，那他們要等到什麼時候才能學會？又要從誰身上學會？」

從罪行裡學習生活能力

對於父母跟孩子談到性及可能令人成癮的物質的時候，採取「禁戒乃唯一準則」之嚴厲態度的做法，反對論點之一是：那麼做通常沒什麼效果。你是否曾經到美國國中旁聽過那些讓學生了解什麼是藥物、什麼是酒精的課程？會有某位警官或檢察官盯著這個八年級的班，然後說：「你們二十一歲生日之前，每四個人就會有一個死於藥物或酒精。」或是對女學生說：「妳們以為男生不會在拿給妳們喝的啤酒裡加約會強姦丸嗎？多想一想吧。只要喝一小口，妳就會變成約會強暴的統計數據。」健康教育教到性的時候，情況也好不到哪裡去，老師的教學內容一味強調統計資料，以嚇人的用詞遣字來警惕學生，彷彿事不關己那般冷漠無情：「只要不小心在派對上喝醉酒，你就會死於愛滋！」

可能嗎？的確可能。發生的機率高嗎？並不然。而且孩子也都明白這一點。他們就跟我們這一代在學校裡看過《大麻菸與精神失常》（*Reefer Madness*）這部反大麻老片的某些人一樣，只會覺得片子很無聊，然後把裡頭有意義的資訊拿來胡鬧一番。他們等不及要離開教室，好拿這堂愚蠢的課程大開玩笑。

我們身為父母，很容易不禁想要對性及可能令人成癮的物質採取嚴厲的零容忍政策，然而那麼做就是跟「拒絕就對了」那般說教一樣判斷錯誤了。無論父母贊成與否，孩子在高二、高三的派對上喝點酒，通常都是很正常的行為。只要是合乎美國某些州的法律和某些地方的生活習慣，孩子抽點大麻也可能不足為奇。在美國，儘管約有超過半數的高中畢業生沒有性經驗，不過發生過性行為的高中生顯然也不在少數。而且由於現在的孩子比我們那個年代更早開始發育，所以有些孩子也就更早開始有性經驗。

對於你能掌控什麼、掌控不了什麼，講求實際比太過天真來得好。大驚失色或大談倫理道德阻止不了青少年去親身嘗試，只會逼他們把那些行為藏到檯面下而已。當青少年害怕被懲罰、被羞辱的時候，就會不願意跟你對話，這種情況很嚴重，因為他們其實亟需聽聽你的建議。要是他們不從你這裡聽取意見，就會轉而尋求同儕的看法，情勢於是變成了一位道德瞎子牽著另一位道德瞎子。

我們該避免古板地一味對孩子談懲處，還有一個更具說服力的理由：在離家上大學之前擁有一些酒精飲料、藥物和性行為等等方面的經驗，對青春期子女來說是有益的。我在諮商時，父母聽了這句話後往往會追問：「那麼可能發生的危險要怎麼辦？還有性病呢？未成年引起的法律問題呢？恕我直言，不過——讓他們親身去體驗，到底有什麼好處可言？」

好處在於青少年能趁著還有爸媽照料的時候，發展出自覺和風險管理的能力。他們能趁這時弄明白喝一杯蘭姆酒加可樂會對腦袋、身體、心靈產生什麼影響，喝兩杯時又會如何；能趁現在弄清楚，當威爾告訴足球隊其他隊員星期五晚上妳跟他舌吻後，星期一走在學校走廊上時感覺會有多難堪；也能趁此刻意會到：*哎，我這樣超像羅勃叔叔的。我喝的*

時候覺得自己沒醉。現在我知道他怎麼會因為酒後開車被開罰單了。

我希望這些事情全趁著青少年還住在家裡、晚上多半都睡得飽、三餐也正常的時候發生。我希望他們趁著還有父母盯著的時候去犯錯——因為這位父母願意讓他生活舒適、願意引領他，也會恰當地設定後果。

這樣子聽起來，下次你應該就會三思而後行了。你不會讓自己事後再來後悔。

這位父母會絞盡腦汁想出辦法，避免青少年重蹈覆轍：

你能不能擬個不用喝一堆蠻牛、不用吞一堆興奮劑就能好好度過期末考週的計畫？還記得上學期期末考的時候怎麼了吧？

這位父母可以根據孩子所展現的成熟程度定下規矩：

我們根據你最近所做的一些決定，決議暫時保管你的車鑰匙。

當孩子正在沉淪時，這位父母會察覺出了問題，還會準備好拉他一把：

你的成績愈來愈差，我還發現你最近幾次晚上回家的時候，表情都呆滯無神。我覺得有些狀況不大對勁。我已經打電話給一位青少年諮商人員，約好明天五點半全家一起去諮商了。

要是你家孩子等到上大學後才開始跟這些影響甚鉅的事物攪和在一塊，那麼會有誰來對他說這些話？或許誰也不會。念大學的時候，你家孩子會跟成年人聊莎士比亞、總體經濟學理論、電影裡的中國功夫，卻不會跟他們聊起怎麼適量飲酒，也不會聊到性可能會怎麼毀掉一段脆弱的新感情，又能如何提升一段真心真意的感情。他們談性和酒精、藥物的聊天對象通常是其他學生，而聽到的回應往往會是：

你沒試過哪知道自己喜不喜歡？

我們來比賽喝啤酒吧。

我從來沒看過像你這麼敢玩的人。你簡直已經變成學校裡的傳奇人物了。

對某些孩子來說，在國中和高中時對酒精飲料、藥物、性這些事只要淺嚐即可，他們除了伸出腳趾頭點一下水試試看之外，什麼也不會去做。對另一些孩子來說，做那些事則猶如躍進大海、自由徜徉一般。然而一旦上了大學，「放縱」那充滿誘惑的呼喚聲如此有力，以致於原本連試都不敢試的孩子如今可能會被深深吸引，而以往行徑魯莽，卻從未承擔過任何後果的孩子也可能會一頭栽進去。正因如此，你家孩子最適合在中學這個階段學會分辨失態（獨自去參加派對的時候喝太多酒，又喝得太快，然後跟一個妳其實不怎麼喜歡的男生熱吻）及適度玩樂（在演出後的慶功宴上喝得微醺，或是在車子後座跟善良又真心待妳的男友溫存片刻）之間有何差異。

我了解，這種情況很嚇人。當父母想要精確地標定出樂趣和安全的比例時，得把正常的青少年好奇心、荷爾蒙的分泌狀況、青少年對於違反規矩的喜好、冒險時的興奮感以及他們什麼都做得出來的這項事實全都考慮進去。父母該如何找出一條路，好讓青春期子女從安全、有爸媽看管的家裡順利走進那蘋果樹上果實纍纍、遍地毒蛇、處處是葡萄園的林子？

表裡不一

我完全不建議父母為了避免落入無法跟孩子討論感官享樂這個話題的窘境，而採取另一種極端的做法：變成時髦的父母。

時髦的父母會在青少年的派對上提供酒精飲料、會幫女兒辦睡衣派對，甚至會在抽大麻時找孩子來抽一點。雖然這些做法或許都能被合理化，卻全都是不妥或不安全的行為。時髦的父母會說：「才不會咧！我爸媽什麼都不准我做，可是我還是照做不誤。我在他這個年紀的時候，什麼危險、犯法的事都幹過，而且我也活得好好的。幹嘛訂那些沒意義的愚蠢規定？我們明明知道他根本不會遵守嘛。」

問得好。我的回答如下：因為你身為父母的職責，是尊重你將孩子拉拔長大的這個社會裡現行的法律和風俗民情。因為不管是再怎麼優秀的青少年，在仔細辨別「這種」和「那種」犯法或危險的行為有何不同時，也可能會由於欠缺經驗而太過魯莽，要是你跟他們一起在家裡做違法的行徑，他們便會認為你是在鼓勵他們在別的地方也照做，而且為了保護自己那桀驁不馴、「沒人能指使我」的青少年本色，他們甚至可能會挑戰父母容許的限度。因為青少年得明白，愚濫或過度的性或酒精、藥物都可能會導致自己付出令人不快或無法挽回的代價。

既然太嚴格或太時髦都沒用，那要怎麼樣才行？我為父母提供的處方，是態度寬容的「表裡不一」。這代表你雖然認為青少年親身去體驗那些經歷是正常合理的，甚至是應該的，卻不會對青春期子女明說這一點。為什麼呢？因為在他們那充滿困惑的世界裡，青少年必須聽到的是父母明確而毫不含糊的意見。請為他們訂下安全及禮儀的規矩，並且確定為年紀較小的青少年所劃出的界線夠保守，當他們漸漸長大時再適度給予多一點自由。請經常與青春期子女討論這些敏感的話題，而且也要採取表裡不一的態度：表面上別贊成冒險的行徑，心底卻要認可、接納青春期子女可能會再次做出那些行為。當你們在討論這些事的時候，請在心中抱持此種隱而不宣的態度。請提供他們維護自身安全所需要的資訊。請讓他們知道你隨時都願意不急著評斷地傾聽他們訴說，願意在他們遇上麻煩時幫忙斟酌各種可行的做法，也願意跟他們分享自身經驗。

對性、酒精、藥物適當訂下合理家規

教養國中到高一的年幼青少年時，針對性和酒精、藥物訂出規矩可謂簡單至極：由於年紀較小的青少年在認知、情緒、生理各方面都尚未成熟，因此最好盡量等久一點，再讓他們去試試看比嚐啤酒味道或玩國王遊戲、真心話大冒險更大膽的事。別用不切實際、一概而論的「絕對不行」聲明（你滿二十一歲之前絕對不行喝酒，你絕對不行跟異性獨處），而是要讓他們明白，在這個年紀去嘗試藥物、酒精飲料與性，既不明智，也不安全。你訂下的規矩，應能讓你看來雖古板卻態度堅定，而且立場前後一致：

你現在還不准在派對上喝酒。

你現在還不准去參加沒大人在場的派對。
家裡沒大人在的時候，我們不希望妳把男友帶回來，而且他待在妳房裡的時候，妳要把房門開著。
我已經聽說這次露營布雷特和伊萊怎麼了。要是我們發現你們抽大麻，我們會很驚訝，也會很失望，而且你們到時候要承擔的後果會很嚴重。

接下來，請用尊重的口氣溫和地說：「聽懂了嗎？請你再說一次，我好確定你明白了。」

青少年到了高二、高三時，這些辦法就拿他們沒轍了。根據統計資料來看，青少年到了這個年紀就更可能去嘗試各種體驗，而且通常也已經長得夠大，懂得防範於未然了。你的立場會變得更表裡不一（我要訂出規矩來，就算我知道你很可能不會去遵守也一樣），不過要是你規定得太嚴格，對誰來說都沒好處。你雖然允許青春期子女更自由地參加沒大人管的場合，卻是先明辨孩子獨特的性格及變化不定的需求，然後才小心翼翼地給予這種自由的。我建議你，在青春期子女的生活自然實驗室裡再將他們好好審視一番。請仔細瞧瞧家中青少年此時此刻的模樣。他是否有點漫不經心、有點滑頭滑腦，還是他通常都有擔當又坦率？接下來再考量你家孩子想要涉足的場合。最後呢，算算看這道數學題吧。要是你家孩子似乎應付得了那些情況，那就准他去吧，但要把同意的條件講得夠具體：

我知道你和嘉勒、馬汀下課後想要一起做歷史報告。只要你們遵守家裡所有的規矩，他們就可以來我們家。

你姊姊上次發生那件事後，我覺得高德曼家並沒有好好注意孩子開派對的情形。我也記得我們全家去參加賽奧生日那次。我們坐在一起喝葡萄酒、吃東西，感覺還滿不錯的，可是愈來愈晚的時候，情況就變得有點誇張了。我會讓你去，可是我覺得不大安心。我相信要是派對開始失去控制的話，你會知道要離開。你什麼都用不著解釋，只要走出他們家大門就對了。

你們可以開車去玩，聽起來會很有意思，不過我希望你們到了，還有準備回家的時候，都傳簡訊告訴我一聲。

如果你家孩子提出了計畫（在家裡辦一場大人沒怎麼看管，而且絕對有酒喝的派對，由青少年來開車，或是讓年紀較小的青少年寶貝放學回家後享受「家裡沒大人」時間），但是他現有的可用資源（天生性格、成熟程度、最近幾週的心情）無法應付那項艱鉅的任務，那麼就別答應。你也不需要老是對他解釋你為何不准。「我不打算」這種句子很好用，你可以拿它來免掉一場脣槍舌戰。

雖然可能不會有什麼問題，不過我不打算……

讓你去柯林家參加派對。

讓戴瑞克把四個孩子載回家。

讓你和艾拉不是在學校圖書館寫報告，而是在家寫。

他們可能會氣沖沖地走開，對你大發一場脾氣，不過他們也常會因為知道有大人在掌控情況，而感到心中放下了一塊大石。他們跟朋友在一塊時，可以把你那份按照道德標準行事的超我意識拿出來像張名片般傳遞：「我是想去喬納家啊，可是我老媽想要讓我被朋友排擠。」就算你家青少年毫不感激你訂下的規矩，冷靜沉著地落實家規仍是你日日夜夜都該盡到的困難職責。當你這麼做的時候，便會傳達出一種訊息，意即你愛這孩子，而且尊重他玩樂的需求以及被保護的需求。請你每天都如此告訴自己吧。

訂下家規還不夠

無論你根據你家青少年獨特的需求把家規調整得多麼恰如其分，都一樣無法控制（至少不是完全控制）他們做不做喝酒、抽菸、熱吻、發生性關係那些事，也無法控制那些行為的頻率多寡。因此你得開啟談話的大門。不是讓他們懺悔，也不是讓他們辯駁——而是讓他們說話。

要是青春期子女問你意見，你該感到十分榮幸。請展現出尊重的態度，聽他把整件事說完。嘴巴別馬上不贊成地嘖嘖作響，也別隨即表現出尷尬、嚴厲或震驚的模樣，否則他們就會閉上嘴巴不願再講，再不然就是跟你爭論起來。請記得，青少年帶著問題來找我們，有時是希望這樣一來自己就用不著煩惱那些事了，如果你反應得太情緒化，他們簡直會鬆了一口氣——這下不用想辦法解決問題，只要對你的反應做出回應就好了：

青少女：媽，我有事要跟妳說。我想要避孕。

母　親：以後不准妳再跟亞歷克見面了。

青少女：天哪！我幹嘛要相信妳呀？我以後什麼都不要告訴妳了！

青少女：媽，我有事情要跟妳說。寇特妮在製造毒品。

母　親：我現在就要打電話給她媽媽！

青少女：不行啦！妳不可以打去啦！天哪，我以後什麼都不要告訴妳了！

請放慢腳步，別因為感到恐懼而做出反應。別說教，也別打斷他們的話，只要傾聽就好，然後再問一些開放式的問題。你的職責之一就是幫助她去深入了解當下處境，並且弄清楚她希望自己在其中扮演什麼樣的角色。

青少女：亞歷克要我晚上在他家過夜。

母　親：哎呀，我有點驚訝呢。我們坐下來談好嗎。他那樣說，妳覺得呢？

青少女：寇特妮在製造毒品。

母　親：哎呀，聽到她這樣子，我覺得很難過。妳覺得怎麼會那樣呢？（或是，這樣子有沒有影響到妳們的友情？這件事對寇特妮有什麼影響呢？）

接下來再把問題交回青春期子女手上。請這麼說：「妳打算怎麼做呢？」你或許得提出一些問題，這些問題暗指你們倆能一起想出好方法。她是不是得有一些主意，好去跟寇特妮聊聊？她是否得想辦法坦白而聰明地回應亞歷克的要求？她是否需要詢問醫生如何避孕？請幫忙她斟酌各種可能的做法，而且要等到**此時**才從你自身的角度去衡量。根據遇到了什麼處境、青春期子女有多成熟來判斷後，你或許會認為大人也得採取行動。你可能會決定打電話給寇特妮的母親，或是針對女兒跟亞歷克單獨約會訂下規矩。要是青春期子女帶著問題來找你，你卻表現出一副只想逃避問題的模樣，那麼她下次就會猶豫到底要不要把令人備感苦惱的事告訴你了，所以請你仔細謹慎地評估各種辦法的利弊吧。要是你家青少女發現，就算她面對的是小如雞毛蒜皮的困擾，你也一樣會用心傾聽，那麼當她遇到比較嚴重的麻煩時就會更確信自己能找你幫忙了。

你不只該準備好用心傾聽，也該準備開始與青春期子女談論某些話題了，包括保護自己、中庸之道、道德倫理、尊重他人等。我知道，開門見山跟孩子討論性、喝酒、用藥這些事，比直接為他們開處方來得困難多了。「非黑即白」、「拒絕就對了」這些看法十分普遍，以致於父母沒什麼機會練習把「適當拿捏這些行為的分寸，其實是一種很細膩的做法」這種觀念解釋清楚。討論藥物和酒精飲料的時候，我發現「心境與環境」的概念十分適合拿來當開場白。談到性的時候，則可從媒體傳達給青少年的輕浮價值觀開始探討。

心境與環境

「心境與環境」的概念並不是什麼健康教育會教的課程內容，部分原因可能是由於它認為青少年其實有時候懂得如何安全地用藥、喝酒，另一部分則可能是因為我是從一九六四年出版的一本書裡引用這種概念的，也就是提摩西．李瑞（Timothy Leary）所著的《迷幻體驗——從西藏度亡經談起》（*The Psychedelic Experience: A Manual Based on the Tibetan*

Book of the Dead）。我並不是在倡導青少年服用迷幻藥，不過要是你從這種觀念裡萃取出最基本的原則、把迷幻藥拋到腦後，就會得到一種相當可靠的評估方法，能用來衡量喝多少酒、服用多少藥物較恰當。你可以根據青春期子女年齡大小、跟什麼樣的朋友交往以及她多能自制、多有自覺，視情況決定如何對她講解這種概念。

心境與環境裡的「心境」是指心態（心情及心理狀態），而「環境」則是指物理環境及社交環境。我們喝酒通常是為了提升心境，而非改變心境，而且唯有在身處於安全、友善的環境裡的時候才會想要喝酒。儘管成年人或許不會有自覺地去評估這些情況條件，卻無時無刻不在使用這種「心境與環境」評估法：

我是剛吃完一頓大餐，還是胃裡空空如也？我要怎麼回家？明天我有哪些事要辦？我希望保持自制力，因為這是一場幫學校募款的活動，還是我可以完完全全放鬆心情，因為我們正在熱帶小島上度一個不用顧小孩的自由假期，而且喝著蘭姆酒、望著夕陽緩緩落下又是那麼地恰到好處？

接下來，想一想青少年，看看他們能如何把心境與環境原則運用在生活裡。他們通常會被誘導去反其道而行，藉由喝酒改變心情，而起因多半是因為他們經常處於陌生或令人不自在的社交場合裡。他們的自我認同發展得還不夠穩定。他們會在派對上心想：

我沒被這個小圈子排擠吧？我的頭髮怎麼會有一邊蓬得那麼厲害？我幹嘛要買這件閃亮亮的洋裝啊？我剛才說的話是不是糟糕透頂？

酒精製的勇氣飲料能讓他們鎮定下來，卻也讓他們無法發展出社交技巧，學會：

要是這些人不甩我，我可以去找其他人。

派對剛開始時，誰都嘛會緊張，可是過一會後心情就會比較放鬆了。

我只要去跳舞，就會開始覺得快樂多了。

有些孩子常會違反心境與環境原則。有些孩子會在週末喝一堆酒，藉此逃避平時的壓力，他們就像獲得自由的水手一樣，只有幾個晚上能用來發洩壓力，接著就得回到船上繼續服勞役，回到為了申請大學而打造亮麗成績單的生活。有些孩子是出於無聊才喝酒的——他們平常生活裡有太多刺激興奮的體驗和活動、太多新鮮奇妙的事，因此興奮的門檻已經被拉高了，少了藥物、酒精飲料，他們就很難振奮精神。有些青少年把酒醉當成拋開一切束縛的通行證。（「我不用為剛才說的話、做的事負責任，因為我已經醉到不行了。」）還有些青少年用藥物來交朋友，或是讓人留下深刻印象。

你不妨根據心境與環境原則來談親身經驗。請實事求是，別危言聳聽。譬如這麼說：

我醉到最慘的時候都是因為喝過頭了，那時是因為……

我在一個很有錢的女生的湖濱小屋裡，但是覺得自己在那裡很格格不入。

我跟一個男孩子談戀愛，可是他卻帶了另一個女孩子出現在那場派對上。

我因為期中考考得很差心情不好，而且害怕妳爺爺奶奶會發脾氣。

我跟朋友在一起的時候，不想落於人後。我還記得有次我們一邊看《鮑伯・紐哈特秀》（*The Bob Newhart Shaw*）重播，一邊喝酒，蘇珊・普雷薛特（Suzanne Pleshette）每在節目裡說一次「欸，鮑伯」，每個人就都要喝一杯。後來感覺超難受的，那次連我自己都被嚇到了。

講述親身經歷的時候，請留意別表現得一副樂在其中或是洋洋得意的模樣，否則可能會增強青春期子女那種天生自認為堅不可摧的信念。

孩子回應你的方式可能不會讓你覺得太高興。他們聽了你僥倖的經歷後，可能會狡黠地說：「可是你現在好好的呀，對吧？」或是聽了你某位同學受了傷或死了的事件之後，口氣不屑地說：「就是因為這樣，你的被迫害妄想症才會那麼嚴重！」不過他們聽到你說的了。別盼著他們說「哇，好可怕喔！」或是「我懂你的意思了」，他們可能根本沒發現你說這些事是為了讓他們心生警惕呢，不過就姑且假設他們領略到了吧。就算你所說的話似乎被當成耳邊風，其中傳達的訊息也會被留在腦海裡。你也可以根據青春期子女年紀多大、有多成熟，用「心境與環境」評估原則敘述自己曾經如何在某些場合裡適度飲酒，或多喝了點酒，結果安然無恙（譬如狂勝一場比賽後、在畢業派對上、在堂哥家裡，或是用不著開車回家的時候）。

舉辦猶太儀式的時候（從婚禮之類的大事到每一週的安息日晚餐），葡萄酒被用來提升、滋潤親友之間的感情，因此我們便能在這些場合中討論如何神聖地應用心境與環境的原則。在這些情境裡，父母可以像教導青春期子女先吃主菜再吃甜點，或是先刷牙再上床睡覺一樣，教導他們健康飲酒的習慣。我們通常會在年紀較大的孩子的猶太祝聖之杯裡倒少許葡萄酒給他們喝，他們將會明白吃飽後再喝酒、小口啜酒、適量飲酒免得出洋相等習慣有多重要。（看到你艾德叔叔的模樣沒？）最要緊的是，這些青少年將會明白喝酒時的目的、場合及同伴都能提升喝酒的意義。我們在敬酒時所說的「敬生命！」（*l'chaim*）這句話既歡欣又熱情，一般人無論是不是猶太人都相當熟悉，它的意思是：哇，生活真是太美好了！而且還隱含了你想添上的任何特殊涵義，包括：在這裡真的是太棒了！大家全聚在一塊！我們在慶祝安息日！這可不是很開心嗎？我們是猶太人呢！我們是一家人耶！這正是心境與環境的最高境界，跟在派對上喝得爛醉如泥、藉此掩飾孤獨感截然不同，也跟在二十一歲生日時吞了二十一個烈酒果凍，最後被送到急診室有天壤之別。

性——常談，莫多說

談到性的時候，我們則會遇到不同的挑戰。無論你家青少年目前有多少性經驗，就算他的性生活僅限於幻想，下面這句話也再真切不過了：如果你不把價值觀教給他們，他們就會在「街頭」尋找知識。現代的「街頭」已變成了資訊高速公路的大道。就像露絲．魏斯特海默博士（Dr. Ruth Westheimer）在其最新著作《與今日青少年談性——從社交網路到床伴》（*Dr. Ruth's Guide to Teens & Sex Today: From Social Networking to Friends with Benefits*）裡所指出的，色情網站裡那些誇張的性行為會對青少年產生類似同儕壓力的影響，尤其是當他們還沒透過可靠的資訊來源弄清楚正常、典型的性行為是怎麼回事的時候。他們也可能會根據名人為了提高曝光率而利用機會做出的性愛舉止（正如瑪丹娜和小甜甜布蘭妮）去認識性。

青少年還會注意到社會文化對「炮友」（意即隨便上床的性關係）的認可，而且深受床伴與炮友這些事吸引，就連女孩子也一樣。現在的女孩企圖心旺盛，她們在情感方面的需求已有女生朋友可供依靠，而且常常睡不飽……那麼何不把性需求外包給某個友善的朋友呢？儘管鮮少有父母承認，不過我仍舊猜測有某些家長私底下原諒孩子用這種簡單迅速的方式發洩。這種做法宛如把欲望放進了井然有序的小格子裡，就像日本機場的小睡眠室一樣。你只要跳進去，打個盹，醒來就可以繼續往下一站飛了。不過在那些機場睡眠室睡覺，沒辦法像在舒適的床上入眠一般安穩，而炮友關係也永遠無法像跟你深識的某人之間的感情那般深厚、那般令人滿足。

當父母無法嚴肅地跟青春期子女談論性和愛的時候，青少年就會直接選擇隨便或誇張的性愛，而非好好經營一段感情，藉此學會成熟的性愛價值觀、培養承諾的能力，並且從中明白感情也會有起起伏伏的時候，了解雙方如何建立信任感、如何消弭彼此間的誤解、如何以對方為優先。猶太拉比羅蘭德・吉特森（Roland B. Gittlesohn）在《我該怎麼決定？——明辨是非的猶太當代法則》（*How Do I Decide?: A Contemporary Jewish Approach to What's Right and Wrong*）一書裡教導青少年如何做出合乎道德的決定，他深入闡述了性愛的價值觀：「如果你只是為了感官刺激而寬衣解帶，那麼你雖然能夠藉此得到宣洩，卻無法從中感到滿足。然而你若是以愛和默契豐富了性愛，那麼不僅心靈及情感能與感官密切的結合在一起，你也會深深地感到心滿意足。」我們的所作所為，是為了榮耀上帝的名，不是為了褻瀆上帝。如果我們在恰當的情境裡跟對方袒裎相見，便得以展現我們裡面的神聖形象。

當然，青少年多半寧願選擇服一週勞役，也不願聽老媽或老爸發表以「無私真愛裡的美妙性愛」為題的長篇大論，你只要講個開場白，就會看到他們睜大了眼尋找最近的逃生口。要怎麼樣才能討論這個話題，並且傳達他們需要知道的資訊呢？

還記得孩子小時候，你是怎麼學會只要他們沒多問，你就別多答嗎：

我是哪兒生出來的？

呃——精子先從……（等等的）。

不是啦，我是跟傑登一樣在西奈山醫學中心出生的還是在哪兒？

或是他們再大一點，已經知道精子是怎麼進入卵子的時候：

噢，有夠噁心的！妳跟爸那樣子做了兩次？

至少兩次。

青少年也同樣需要一點一滴地接收性方面的教育。這方面的知識太複雜，他們很容易覺得難堪而不知所措，不過你會找到很多時機提起性、承諾和尊重的話題，然後就能跟他一來一往地簡單討論片刻。譬如趁聊到青少女懷孕的新聞或情節的時候：小甜甜布蘭妮那位十六歲的妹妹潔米·琳恩·史皮爾斯（Jamie Lynn Spears）、美國前共和黨副總統候選人那位十八歲的女兒布莉絲托·培林（Bristol Palin），還有電影《鴻孕當頭》（*Juno*）裡的朱諾或影集《青春密語》（*The Secret Life of the American Teenager*）裡的艾美。問問孩子，她認為那些女孩生下寶寶後生活會有什麼樣的轉變，或是聊一聊有些女生怎麼幻想寶寶就像一個漂亮的洋娃娃，會愛媽咪、崇拜媽咪，後來卻念不完高中，或是最後得託母親幫忙帶孩子。跟她談談媒體是多麼急著報導性醜聞，或是在投票時聊聊選票上面印的墮胎法。請把家變成一個能暢所欲言的空間。

小心，別聽起來一副在說教的口氣，也別一直分析電視、電影、網路裡的性道德觀。要是你跟青春期子女一起看電視的時候，看到裡面的人物角色認識一、兩個小時後就發生了性行為，便可以趁機聊聊炮友關係和承諾。你可以這麼說（類似大聲一點的自言自語）：「電視裡老是那樣演，這樣才會高潮迭起，可是觀眾會以為那種情節真的會發生在現實生活裡。其實才不會那樣咧，就跟歹徒和警察一陣飛車追逐後，也不會真的甩得掉警察一樣。」跟年紀較大的青少年在一起時，則可以問問他們的看法。這時候你並不是在蒐集他們主動披露的心聲，所以拜託別拿陷阱題問他們，只要去好奇一位頭腦精明的年輕人對這些議題有何看法就夠了：

父母：妳朋友的生活裡真的有電視上那些「炮友文化」嗎？

女兒：大概吧。

父母：那妳認為呢？妳覺得那樣子有什麼好處？有什麼壞處？以前我們那個年代，對男生和女生有雙重標準，現在還是一樣嗎？

女兒：對呀，一定的。要是交了一堆炮友，女生會被叫賤女人，男生就一樣是個男生。

父母：那為什麼女生還要那樣做？妳覺得她們是需要愛、需要別人注意，還是想要叛逆？

女兒：那妳怎麼不說那些男生？女生就應該因為被文化貼上那些標籤，所以改變自己的行為嗎？

父母：我只是想到她可能會付出哪些代價而已，不過我也懂妳的意思。

除非女兒繼續回應，否則此時就把這個案子了結吧。只要你懂得什麼時候該保持沉默，就能保留未來再次提起這個話題的權利。

請再度使用話題自然浮現時的詢問技巧。舉例而言，當學校服裝規定的話題出現時：

兒子：太誇張了！今天舒歐娜違反學校的白痴服裝規定，結果被學校請回家。

老媽：她違反了什麼規定？

兒子：她把胸罩肩帶露出來。真是太扯了，我不知道我們竟然是住在極權國家，我還以為憲法會保護我們的基本權利咧。都是新的代理校長啦，他有夠王八蛋的。

老媽：她因為把胸罩肩帶露出來，所以被學校請回家？

兒子：呃，她週末一直戴著肚臍環，所以今天得穿低腰牛仔褲才不會痛，可是她一坐下丁字褲就會露出來，所以又違反了另一條校規。真的太扯了。我們的身體又不是他們的財產。

老媽：聽起來你們學校規定得比較嚴。你覺得學校為什麼會這樣呢？

如此一來一往，可以引導雙方討論內容性感的廣告是怎麼刻意強化「非常暴露的衣服很適合年紀還小的青少年穿，他們那樣穿沒什麼不對」這種印象的（就跟電視上和電影裡超隨便的炮友關係一樣），而這場討論可能會間歇地持續幾週、幾個月，甚至是幾年。父母可以補充道，他們明白學生如果穿得很性感去上課，能讓學校生活不那麼枯燥乏味，但是穿著合宜才能讓學生和老師都心無旁騖地專注在自己該做的事情上面。

這般談話時，你家青少年可能會憤憤不平地反對你的觀點，或是怪你太老古板了。請把這些談話當成是在跟只講求滿足原始欲望的本我潛意識對談吧。你已經表明了看法，請相信這些論點就像被注入血管裡的藥物一樣，過一段時間後就會慢慢地被你家青少年的腦袋吸收了。

話說你的性愛史

雖然青少年不愛談到或想到你目前的性生活情形，卻可能會很愛探聽你年少時的輕狂往事。女兒很愛問母親的性愛史，男孩就沒那麼愛問父親了。而女孩子在問的時候，是基於「我想知道我該變成什麼樣的女人。我想變得跟妳一樣」的想法。

話雖如此，你並沒有責任把往事交代得一清二楚。或許女兒想要知道你初次發生性行為的時候是幾歲。試問，要是她問你最後一次做愛是什麼時候的事，你會覺得一定得回答她嗎？當然不會，因為那是很私人的事。有時候父母可能會覺得，當孩子針對性（或針對藥物）提出問題的時候，若沒一一據實以答，就是態度不夠真誠，不過你不妨換個方式想，利用這個時機實行表裡不一的做法。你的過往專屬你所有，具有個人背景和文化脈絡，箇中意味深長。當你保留特定細節不說、藉此設下界線時，你便保護了崇高而不可侵犯的個人史，同時也是在保護孩子免於接觸他還無法好好理解的事情。

但是若你**想要**談一談自己的過去呢？那就學學他們的做法吧。青少年常會假裝聊到某個朋友，測試父母聽了會有什麼反應，但嘴裡講的其實是自己：

我有個朋友，她想要親另一個女生。

你也可以照做：

我念國中時有個朋友，她十四歲時就發生了性關係，因為……她覺得爸媽管得太嚴了，她想要讓他們不好受。

她男朋友要她答應，她不知道怎麼拒絕才好。
她爸媽常常出遠門，所以她很不快樂。
她男朋友是她的慰藉，他們就像是——妳聽過這句話嗎？——相濡以沫。

用書籍補充性教育

平時請多聊聊你對性的價值觀，至於性方面的細節就交給書籍吧。國中和高中在教健康教育時，深入的程度多半參差不齊。請別相信家中青少年堅持的說法：「七年級的課把性教得一清二楚！我全都知道。」其實他們並不知道。性及安全的性行為沒那麼簡單，就算老師教得再好，區區幾堂課也不足以涵蓋將會隨著時間漸漸浮現的所有疑問。而一般咸信父親與兒子、母親與女兒之間該有的「談話」也多半以失敗收場。該向十三歲大的兒子示範怎麼把保險套戴上香蕉時，就連態度最開放的父母也可能會想要逃之夭夭。書籍的好處在於可以視需要一讀再讀。我已經提過《跟今日的青少年談性——從社交網路到床伴》這本書，以下還有幾本我很喜歡的：

我推薦年紀較小的青少年讀分別為女孩及男孩寫的《了解青春期的女生》（*"What's Happening to My Body" Book for Girls*）及《了解青春期的男生》（*"What's Happening to My Body" Book for Boys*），兩本都是由琳達與艾瑞兒・麥達拉斯（Lynda and Area Madaras）母

女檔合力寫成的。

露絲・貝爾所寫的《改變中的身體・改變中的生命——寫給面對性和感情的青少年》（*Changing Bodies, Changing Lives: A Book for Teens on Sex and Relationships*）。這本書的內容詳盡齊全、坦白直率，適合年紀較大的青少年。

還有賈斯汀・里查森與馬克・查斯特合著的《不怕小孩問——寫給父母的親子性教育指南》（*Everything You NEVER Wanted Your Kids to Know About Sex but Were Afraid They'd Ask*）。由兩位醫生寫成的這本書筆觸幽默、講解清晰，又機智聰敏，對父母來說猶如瑰寶。作者構思了各種場面、劇本、情境，期能在這件傷腦筋，卻又至關緊要的議題方面協助、引領，並且教育父母讀者。其中的章節包括〈真要做的話……關於安全性行為〉、〈終於要上場了——管教性活躍的孩子，從初體驗開始〉。

你肩負的使命：享受愉悅

想要教導孩子以負責任的中庸態度去享受塵世間的歡樂，最難做到的便是示範享受愉悅的榜樣。跟家長討論本章先前提及的更衣室影片事件餘波之時，我請他們想一想自己的性生活。有位母親把手舉得高高的，說道：「性生活？妳真愛開玩笑，我們都快累垮了啦。我們整個下午都忙著把這些學生王子接來送去的，一下子要練球，一下子要去練樂團。我們回到家後，才九點就已經癱在床上睡死了。」

父母為孩子奉獻付出，後果卻完全在意料之外：我們疏於讓子女嚮往成年人的生活。青少年多半認為，大人的生活基本上就是要解決每天複雜的行程難題，要被塞在高速公路上，要對著電腦咒罵，還要比他們早好幾個小時上床睡覺。近期某次對高中生進行問卷調查時，有位學生寫道：「我不知道我希望自己長大後變成什麼樣子，但是我知道我不想要變成什麼樣子。我不想變成我媽和我爸那樣，他們看起來很一副不快樂、憂心忡忡、壓力很大的模樣。」心裡作如是想的青少年面臨了一種危險：以及時行樂的態度度過青春期，亦即「把握當下吧，因為明日你將會成為緊張焦慮的大人」。

拉比坦承，人們很容易受到工作和擔憂誘惑，而這在今日世界裡意味的是煩惱大學學費，確保孩子練習識字卡，這樣才能通過測驗、才能上大學、才能在這個局勢多變的世界裡找到一份工作。正因如此，「愉悅」在猶太教義裡始終都與神聖性有直接關聯。在這個世界裡尋求歡樂與幸福，別等待以後的世界（*olam haba*）[30]來臨——這就是最主要的猶太訓誡。據說十三世紀的拉比猶大王子臨終前舉起雙手向上帝懺悔，「祢很明白，我從沒享受過這世上的任何歡樂，就連一根小指頭也沒享受過。」他為什麼有感而懺悔呢？因為在以後的世界裡，上帝會由於我們曾經拒絕去享受合理的正當歡樂而責備我們。拉比指出，在現今的世界（*olam hazeh*）裡最要緊的是我們的所作所為，而拒絕了上帝提供的美好時刻，我們便是傲慢自大、對上帝不敬。尋求感官愉悅，並享受這份愉悅，是榮耀上帝的方式之一，其意義是：

謝謝祢所賜予的這些事物（我的身體，祢的恩惠）。我會小心地保持中庸之道，不濫用這些事物，也不認為自己擁有它們是理所當然的。我會把這視為最要緊的事。

身為父母，你有責任去體驗生活裡的歡樂，因為孩子會觀察你的一舉一動，從中學到愉悅和感官享受的價值觀。而身為青少年的父母，你將面臨雙重挑戰：你得讓孩子明白，就算你正在做一件異常艱難的工作——教養他們，也依然能夠自得其樂。感官愉悅還會帶來另一種好處：提供情緒燃料。如此一來，當青春期子女令人焦慮不安、備受煎熬時，你便能夠重獲力量、耐心以對。

請練習享受歡樂，無論是用你喜歡的哪一種方式都行：私下跟好友開玩笑，跟伴侶互相按摩腳底，喝一杯調得十分完美的古巴調酒，在暖和的日子裡揹著裝滿冰水和橘子的背包去爬山。請含蓄地對性表現出健康的心態。請溫暖地對待配偶或另一半。請在孩子面前讚美對方。請以布置家裡公用空間的相同標準，大方地布置自己的臥室。請盡量和另一半

30 意即人死後的世界。

同一時間上床，請把房門關好、鎖上，然後共度好一段時光。這麼做足以暗示你和另一半喜愛兩人獨處。

請記得，你家青少年正在聽、正在看、正在專注觀察，迫不及待地等著學習。要是青春期子女發現你能夠自得其樂，要是他們明白了某些歡樂自然會隨著成年生活出現，那麼他們就會由於你對生活感到心滿意足而感到彷彿吃了一顆定心丸。有個朋友告訴我這個發人省思的故事：她和老公在臥室裡，房門關著，他們沒在做愛，只是放鬆心情、一塊大笑，如此良久。後來她那位放暑假回家的大一女兒說：「妳知道嗎，孩子很喜歡聽到那種笑聲。孩子聽了會很開心——因為他們知道爸媽很開心。」

CH10

鼓起勇氣，放手吧

以撒祝福了兒子雅各之後，就與利百加送走他，讓他去尋覓一個妻子。少年雅各踏上旅途的第一天，便行至日落方休。他累得不得了，停下來準備歇息，於是找了一塊石頭、枕在頭下，就這麼睡臥在星空下。那晚他做了一個非常生動的夢。夢見一個梯子立在地上，而且根據〈創世紀〉第二十八章第十一節記載，「梯子的頭頂著天，有神的使者在梯子上，上去下來。」然後上帝出現在夢裡，祂說：「你要記著，我與你同在，你無論往哪裡去，我必保佑你。」雅各睡醒之際，被忙碌不停的天使以及上帝直接對自己說話的夢中景象所震撼了。

中世紀一位偉大的律法書註釋家瑞希（Rashi）解釋，雅各夢到的天使是撒爾（sar），也就是受守護之人看不見的守護天使。瑞希將那些往梯子上去、隸屬於巴比倫王國、陪著雅各直至此刻的天使，與從梯子下來、守護「離鄉者」的天使區別開來。當雅各走到家鄉邊境之際，出現了這道梯子，是因為雅各就要離開以色列的土地，到外頭闖蕩了，而往梯子上走的天使即將由離鄉背井時保護他的天使所取代。

青少年高中畢業後，離家上大學、用一年空檔做自己想做的事，或是去外頭闖蕩一陣子的時候，腦袋裡往往塞滿了美妙的憧憬。他們可能會緊張、擔心，然而不再受爸媽管教、干涉的自由景象還是教人興奮得不得了。

不過啟程沒多久後，他們就會開始懷疑自己辨識方向的能力是否出了什麼問題。夜幕低垂之際，他們會發現自己又累又想家，就如雅各一般，他們意會到外頭世界給他們的那張床並非他們熟悉、喜歡的那一張。「媽，」他們打電話回家時會這麼說：「我在這裡都睡不著。我們挑錯枕頭了啦！這個硬得跟石頭一樣！」

你家孩子步履蹣跚地走了幾個星期、幾個月，他們在此期間可能只會留意到以前的天使都不見了——爸媽、老朋友、最喜歡的老師，這些住在家鄉、會保護他們的人。起初他們無法辨別在這塊陌生的新土地上有哪些人可能會伸出援手，不過這位具有適應力的年少旅人，這位從前被允許去體會不守規定、弄丟毛衣、寫一份B⁻的報告會有什麼後果的青少年，已準備好迎接這些挑戰。只要有充分時間去適應新環境，只要家裡有一位經驗老到的爸媽用冷靜、體貼、有信心的口吻為他們加油打氣，他們就會發現每一格梯階上都有新的天使等著：宿舍輔導員、校長、班上的小老師、輔導老師、一起打工的同事、室友、學校人員、教授，這些天使都會在教室裡及天使的上班時間現身。你家孩子可能會在某位新朋友的父母身上發現天使——他們邀請他放假時去作客，做了千層麵或藍莓派，還請了幾位和氣的鄰居共進晚餐。我認識一位年輕人，他是在公車上發現天使的。史賓塞在紐約和費城這兩大城市裡長大，能來去自如，但是到匹茲堡大學念書後卻老是迷路。某次他搭公車差一點下錯站，幸好被司機攔住，於是他便聊起這始終改善不了的困擾。司機聽了，對他說：「你得把你習慣用的那些方格子地圖忘掉。在這裡我們是用一堆橋、山坡還有河流當地標的，只要這樣子想就會有方向感了，不管怎麼走，你都會很清楚自己人在哪裡。」

要是你希望孩子認得出從各處的梯子下來的那些新天使，你就得爬上自個兒的梯子。

別在第一個或第二個梯階上躊躇太久，別打電話叫孩子起床上課，別主動幫他們校訂報告，別盤問他們晚餐吃了什麼，也別太努力地試圖修補一顆破碎的心。爬上梯子是一場信靠上帝的考驗，考驗你是否相信孩子能隨機應變、相信別人會有一副好心腸，考驗你是否信賴新的老師、公車司機，信賴那些橋、山坡和河流。雅各回想那場奇異的夢境後，有了一番體悟，或許你也能透過那醒悟得到慰藉：雅各意會到上帝在那場夢境中彰顯了權力，於是重新審視了眼前處境。「這地方何等可畏，」他心想。「上帝真在這裡，我竟不知道。」他感覺到上帝保護著自己，於是便自信滿滿地重新上路了。

請你要擁有足夠的信心放手，另一方面也要容許自己由於孩子離去而心碎。有位企業總裁告訴女兒，在大學宿舍房門外對她道別的那一天，絕對會是他這輩子最傷心的一天。我在此為他，也為你獻上一首莉迪雅．戴維斯（Lydia Davis）所寫的詩，詩中描述失去所愛之人的時候，與自己對話所能夠帶來的力量。這首詩叫做〈頭腦與心〉：

心潸然淚下。
頭腦試著想幫心。
再一次，頭腦告訴心這是怎麼一回事：
你終究會失去所愛的人……
於是，心覺得好過一些。

但頭腦所言，不多時便在心的耳邊消散。
這種事心從沒遇過。
我想要他們回來，心說。
如今，頭腦是心唯一所有。
幫幫忙吧，頭腦。幫幫心吧。

你哀傷難耐，是很自然、恰當的。從這股情緒中看得出你對孩子付出了多少、愛得多麼深切。父母心碎的感受，常會隱藏或掩飾在擔憂、苦惱底下，請你也要準備好面對這種處境。你正站在陌生的情緒土地上，也需要新的天使。已經習慣了督促、引領孩子，鼓勵、照料他們，如今卻得縮手，只能置身事外、袖手旁觀，這談何容易？但你會辦到的。

然後，有那麼一天，當你家孩子走過那段艱辛、有趣、教人充滿成就感的漫長旅途後，他會回到家鄉看看。他會對著房門上的「請勿進入」告示牌露出微笑（要是你沒把它拿掉的話），然後說出兒時曾經說過、令你懷念不已的那一句「跟我一起躺好不好，不要走」的大人版本。不過，這一回他不再只顧著自己了。「你要去睡了嗎？這樣子坐在廚房裡感覺好棒。我們可不可以晚點睡，再聊一下？要不要幫你泡杯茶？**你最近過得怎麼樣呢？**」

致謝辭

我十分感激蕾伊・安・赫希曼這位優雅無比、冷靜沉著、總是開懷大笑的編輯；蕾伊，妳是位作風大膽，又全心付出的建築師、外科醫師兼編舞家，謝謝妳之為妳。我在史柯賴布納出版社的編輯莎曼珊・馬汀，感謝妳極具耐心及判斷力，並且體諒我放手之難。謝謝當了我十年的出版經紀人、飽經世故又風趣的貝姬・阿姆斯特，還有演講經紀人黛比・葛林，她富有魅力又執著，辦起事來精明幹練，讓我順利走遍美國各地，一次又一次地闡述我對親職教育的理念。

感謝我所有的同事，其中包括心理衛生人員、輔導老師、學校行政人員、學生辯護代理人員：瑞薇塔・鮑爾斯、麥可・布洛斯南、莎倫・梅羅・古塞歐、已過世的卡蘿・艾略特、蓋瑞・艾默利醫生、瑪麗・佛夫赫、泰瑞・龔、派蒂・蘭卡斯特、瑪西雅・賴金醫生、謝拉・西格爾博士、法蘭・史考勃，以及史丹佛大學「挑戰成功」（Challenge Success）計畫的瑪德琳・拉銘博士與丹妮絲・克拉克・波普博士，她們堅信「保護青少年免受過度壓力摧殘」這項議題可被提升至公共政策的層次討論，而且也跟高喊「找回平安夜晚」口號的那些意志堅決的女權主義者一樣，堅信我們終能將孩子找回來。

謝謝哈佛西湖中學和克羅思洛中學的家長提出了五十一個一針見血、發自內心的疑惑，謝謝紐澤西州利溫斯頓鎮約瑟庫希納猶太學院的初中老師芭芭拉・賓伊齊，她說過：「要是我們把青少年想成正在懷孕，就更能理解他們。他們每一天都有所改變。他們正準備要把自己生下來。」

感謝我的家人及朋友：直率熱情的姪女緹奧朵拉・托爾金，她提供了大學生活的回憶片段；謝謝珞麗・古德曼（我親愛的摯友！）分享自己與青春期子女交火時的趣聞軼事，當我教養子女或拾筆寫作，卻發現自己坐困愁城之際，她總會適時安撫我、為我提供客觀的見解；民俗學家珍・貝克歡迎我進入一個大家庭，當孩子從高得不得了的船屋屋頂跳進湖裡後，他們總是會熱烈誇獎孩子；達西・韋伯懂得探究古老的猶太文章內容，從中找出適用於現代困惑的簡易解決之道；派翠西亞・默斯佛利藍德從小學五年級起就是優秀的藝術家兼優秀的朋友，她也正是夏令營搭便車事件裡的「派蒂」；還有我家附近的青少年，他們總是真誠地問我「溫蒂，妳最近好嗎？」使我驚喜無比——潔斯、艾比、梅兒、奧莉薇亞・柯、奧莉薇亞・羅和泰勒。

謝謝我隨時待命的助理卡拉・沃爾，她總是能切中問題要點，也總是能妥善處理。

我要特別感謝女兒蘇珊娜和艾瑪，她們懷著強烈熱情，為自己所選擇的路堅定地付出，深深啟發了我；我還要謝謝丈夫麥克・托爾金，自從我們首次長談後至今已過了四十年，這一路上他不斷讓我明瞭世間的所有事物是如何互相切合地運作的。

國家圖書館出版品預行編目資料

孩子我不要你功課好，但是要你學會解決問題／溫蒂．莫傑爾(Wendy Mogel) 著；陳至芸譯
-- 二版. -- 台北市：商周出版：家庭傳媒城邦分公司發行；2017.01 面： 公分. --
譯自 The blessing of a B minus : using Jewish teachings to raise resilient teenagers
ISBN 978-986-477-174-5（平裝）
1.猶太教 2.親職教育 3.青少年教育 4.親子關係

262 105024464

孩子我不要你功課好，但是要你學會解決問題

作　　者／溫蒂．莫傑爾 (Wendy Mogel)
譯　　者／陳至芸
審　　訂／徐萬麟
企畫選書／林宏濤
責任編輯／王怡婷、陳名珉、楊如玉

版　　權／林心紅
行銷業務／李衍逸、黃崇華
總 編 輯／楊如玉
總 經 理／彭之琬
發 行 人／何飛鵬
法律顧問／台英國際商務法律事務所　羅明通律師
出　　版／商周出版
城邦文化事業股份有限公司
台北市中山區民生東路二段141號9樓
電話：(02) 2500-7008 傳眞：(02) 2500-7759
E-mail：bwp.service@cite.com.tw
Blog：http://bwp25007008.pixnet.net/blog
發　　行／英屬蓋曼群島商家庭傳媒股份有限公司城邦分公司
台北市中山區民生東路二段141號2樓
書虫客服服務專線：02-25007718．02-25007719
24小時傳眞服務：02-25001990．02-25001991
服務時間：週一至週五09:30-12:00．13:30-17:00
郵撥帳號：19863813　戶名：書虫股份有限公司
讀者服務信箱E-mail：service@readingclub.com.tw
歡迎光臨城邦讀書花園　網址：www.cite.com.tw
香港發行所／城邦（香港）出版集團有限公司
香港灣仔駱克道193號東超商業中心1樓 Email：hkcite@biznetvigator.com
電話：(852) 25086231　傳眞：(852) 25789337
E-mail：hkcite@biznetvigator.com
馬新發行所／城邦(馬新)出版集團【Cité (M) Sdn. Bhd.】
41, Jalan Radin Anum, Bandar Baru Sri Petaling,
57000 Kuala Lumpur, Malaysia
電話：(603)90578822　傳眞：(603) 90576622
Email: cite@cite.com.my

封面設計／黃聖文
排　　版／新鑫電腦排版工作室
印　　刷／韋懋實業有限公司
經 銷 商／聯合發行股份有限公司
電話：(02)2917-8022 傳眞：(02)2911-0053

■2017年（民106）01月05日二版
■2017年（民106）05月10日二版2刷
Printed in Taiwan
定價 300元

城邦讀書花園
www.cite.com.tw

ISBN 978-986-477-174-5

商周出版

廣	告	回	函
北區郵政管理登記證			
台北廣字第000791號			
郵資已付，免貼郵票			

104台北市民生東路二段141號2樓

英屬蓋曼群島商家庭傳媒股份有限公司　城邦分公司

請沿虛線對摺，謝謝！

商周出版

書號： BK5056X　　**書名：** 孩子我不要你功課好，但是要你學會解決問題

請於此處用膠水黏貼

商周出版

讀者回函卡

感謝您購買我們出版的書籍！請費心填寫此回函卡，我們將不定期寄上城邦集團最新的出版訊息。

不定期好禮相贈！
立即加入：商周出版
Facebook 粉絲團

姓名：＿＿＿＿＿＿＿＿＿＿＿＿＿＿＿＿ 性別：□男 □女

生日：西元＿＿＿＿＿＿年＿＿＿＿＿＿月＿＿＿＿＿＿日

地址：＿＿＿＿＿＿＿＿＿＿＿＿＿＿＿＿＿＿＿＿

聯絡電話：＿＿＿＿＿＿＿＿＿＿ 傳真：＿＿＿＿＿＿＿＿＿＿

E-mail ：

學歷：□ 1. 小學 □ 2. 國中 □ 3. 高中 □ 4. 大學 □ 5. 研究所以上

職業：□ 1. 學生 □ 2. 軍公教 □ 3. 服務 □ 4. 金融 □ 5. 製造 □ 6. 資訊

□ 7. 傳播 □ 8. 自由業 □ 9. 農漁牧 □ 10. 家管 □ 11. 退休

□ 12. 其他＿＿＿＿＿＿＿＿＿＿＿＿＿＿＿＿

您從何種方式得知本書消息？

□ 1. 書店 □ 2. 網路 □ 3. 報紙 □ 4. 雜誌 □ 5. 廣播 □ 6. 電視

□ 7. 親友推薦 □ 8. 其他＿＿＿＿＿＿＿＿＿＿＿＿

您通常以何種方式購書？

□ 1. 書店 □ 2. 網路 □ 3. 傳真訂購 □ 4. 郵局劃撥 □ 5. 其他＿＿＿＿

您喜歡閱讀那些類別的書籍？

□ 1. 財經商業 □ 2. 自然科學 □ 3. 歷史 □ 4. 法律 □ 5. 文學

□ 6. 休閒旅遊 □ 7. 小說 □ 8. 人物傳記 □ 9. 生活、勵志 □ 10. 其他

對我們的建議：＿＿＿＿＿＿＿＿＿＿＿＿＿＿＿＿＿＿＿＿

＿＿＿＿＿＿＿＿＿＿＿＿＿＿＿＿＿＿＿＿

＿＿＿＿＿＿＿＿＿＿＿＿＿＿＿＿＿＿＿＿

【為提供訂購、行銷、客戶管理或其他合於營業登記項目或章程所定業務之目的，城邦出版人集團（即英屬蓋曼群島商家庭傳媒（股）公司城邦分公司、城邦文化事業（股）公司），於本集團之營運期間及地區內，將以電郵、傳真、電話、簡訊、郵寄或其他公告方式利用您提供之資料（資料類別：C001、C002、C003、C011 等）。利用對象除本集團外，亦可能包括相關服務的協力機構。如您有依個資法第三條或其他需服務之處，得致電本公司客服中心電話 02-25007718 請求協助。相關資料如為非必要項目，不提供亦不影響您的權益。】

1.C001 辨識個人者：如消費者之姓名、地址、電話、電子郵件等資訊。
2.C002 辨識財務者：如信用卡或轉帳帳戶資訊。
3.C003 政府資料中之辨識者：如身分證字號或護照號碼（外國人）。
4.C011 個人描述：如性別、國籍、出生年月日。

請於此處用膠水黏貼